三百年生きる
木造美術館づくり

佐野美術館の挑戦

渡邉妙子
太田新之介

三百年生きる木造美術館づくり　目次

はじめに

静岡県東部地域の代表的美術館である三島市の財団法人佐野美術館は、平成二十二年を目標に現在の施設を改築して、大径木（たいけいぼく）をつかった木造美術館を建設し、オープンさせる計画を進めている。三百年以上生きる木造美術館を造り、将来は貴重な文化遺産にしようという気宇壮大なプロジェクトである。計画が単にダイナミックというだけではない。時代をにらんださまざまなきめ細かい配慮もある。

建築用材は地元の天城山のヒノキ、スギなどを主としてつかう。これを押し広げることにより、地元の森林活用を活性化させたいという狙いがある。造っては取り壊すという現代建築のあり方に訣別し、捨て場のない建築廃材をできるだけ出すまいという思いもある。木造美術館建設に参加した大工、左官、石工などを、工事完了後に美術館の伝統工芸講座の講師に迎えて、特別講座を開講しようと夢は広がる。そして、美術館を新しい文化と交流の場にしようというプランが練られている。目指すは二十一世紀型美術館の実現である。

この事業の推進を担って、中心的に飛び回っているのが佐野美術館の渡邉妙子館長、そして木造美術館設計に当たっているのは建築家の太田新之介氏である。太田氏は伝統的木造建築で多くの社寺や茶室などを設計監理しており、佐野美術館の木造美術館への改築により、新しい木の建築を提案したいと語っている。

事業の推進には巨額な資金を必要とする。まず、第一段階として別館の美術館を総事業費十億円で建設する。そして第二段階が美術館本館の改築で、現在の美術館を壊した後に総工費数十億円をかけ、本格的な木造美術館を建てようという計画である。

第一段階の別館建設の費用はどう捻出するのか。一般の企業、団体、個人に寄付を仰ぎ、建設費はすべて寄付でまかなう計画である。昔から社寺の建設に際して、多くの人々の喜捨や労力提供を仰ぐ「普請」という形がとられた。これに倣って、別館は現代の普請で造ることにしている。

これに次ぐ本館の建築資金はどうするのか。佐野美術館では幾つかの選択肢を考えているが、数年の内に最終の絞り込みをすることにしている。

佐野美術館を本格的な木造建築にするということは、三百年生き続けることのできる美術館を建設するということである。まさに世紀を超えるプランへの挑戦である。そこで、建築当事者である佐野美術館の渡邉館長、設計者の太田氏に登場願い、この世紀の事業の目的と意義、施設の具体的内容などについて語って頂いた。

第一章

なぜ木造美術館なのか

――佐野美術館が大径木*（たいけいぼく）を使って、三百年以上も長持ちする木の美術館に改築すると聞いて大変驚いています。現在の美術館施設は鉄筋コンクリートですよね、それをなぜ木造の施設に改築しようということになったのですか。

*大径木　はっきりした定義はないが、樹齢がおよそ百年以上の、根回り直径の大きな樹木の総称。

渡邉　私たちの佐野美術館は昭和四十一年に建設され、それからすでに三十七年が経過しています。老朽化している上に手狭になっていること、東海地震に備えて改善が急務となってきたこと、またバリアフリー*の面での支障などさまざまな問題が出てきており、それらを何とか是正しなければならないため、改築に向けて進み始めました。そこで平成八年に創立三十周年を迎えたのを機に、改築準備委員会を立ち上げて検討を重ねた結果、敷地内の立地環境やこれからの美術館のあり方などを勘案して、木造の美術館にしようということになったわけです。

工事は二段階で進めます。まず、別館を建設します。ここは本館建設までの展示場、収蔵庫となります。別館は防火上の指定地域と規模の関係で、鉄骨・鉄筋コンクリート造りでなければ認められません。だから木造にはできません。これが完成した時点で次の段階の本館改築に移り、現在の美術館のところに本格的な木造建築を造るわけです。こちらはすでに基本設計がなされています。

＊バリアフリー　障害者が建築物を使おうとした時に邪魔になるさまざまなバリア（障害）を取り除こうという考え方。

回遊式日本庭園には木造建築がふさわしい

――創設以来三十七年というと、実に大きな時代の変化がありましたね。佐野美術館にとっては、どのような変化でしたか。

佐野美術館

渡邉　思えば館の開設当初は職員三人、入館者数が年間一万人弱でした。それが現在は職員十人、入館者は七万人に膨れ上がっています。それなのに、施設は昔のまま。ここで特別展を年間数回こなすのは、本当に大変です。また、障害者や車椅子の方が来られると、それだけの設備が無いのでご迷惑を掛けてしまいます。何とかバリアフリーの施設にしたいと、この十数年来考えておりました。狭い講堂は講演会場、会議室、友の会の体験学習室、展示計画室、写真撮影室などと多目的に使わなければなりません。収蔵品の増大、図書の急増、コンピューター機器の設置などで館全体が狭くなる一方です。三十数年という時間の経過をひしひしと感じます。

――木造への改築の論議は、スムーズに進んだのですか。

渡邉　木造プランへの経過を手短に話しますと、佐野美術館の約一万平方メートルの敷地内には、美術館本館のほかに回遊式日本庭園や国の登録文化財となっている旧佐野邸の「隆泉苑」があり、いろいろ意見が出ましたが、新たに美術館を造るとしたら木造が最もふさわしいだろうということに落ち着きました。改築委員会での論議の過程では、「西欧には数百年も続く美術館があるのに、日本にはなぜないのだろうか」という意見という

渡邉妙子館長

か疑問が出されました。西欧の歴史的美術館の多くは石造で、建物そのものが鑑賞に堪える歴史的建造物ですが、わが国にも鑑賞に堪え、数百年生きる美術館はできないだろうかというものでした。考えてみれば奈良、京都には木造の立派な寺院が沢山あります。それでは木造の美術館にして、古都にある伝統的建物のように後世に残るようなものを造ろうではないか、ということになったのです。この発想は、私たちに夢と勇気を与えてくれました。

――その過程で専門家の意見を聞いたり、行政関係者に意見を求めたりして、プランを固めていったわけですね。

渡邉　改築プロジェクトのメンバーには、建築部門、施設部門の専門家が加わり、計画を練り上げていきました。建築部門には木造建築に造詣が深く、三島市に住んでおられる建築家の太田新之介さんに加わって頂き、さまざまなご指導を受けることができました。設計は太田さんにお願いしました。

――太田さんには、さっそくその辺の事情をお聞きしたいと思います。基本となる図面を引き終わるまでにどんな経過をたどったのですか。

太田　平成十三年二月に佐野美術館改築構想がまとまって、これを受けて私が設計し、

太田新之介氏

平成十四年六月に基本設計書として提出しました。内容的には渡邉館長のお話のとおり、新美術館は別館や付属の小さな建物を除き、大径木を多用した木造建築で、基本となる構造や仕上げを三百年以上の歳月に耐えられるものにするというものです。

建物自体の芸術性を高める

――設計の際に考えられた基本的なものは何ですか。

太田 設計に当たってさまざまなことを考えました。そのポイントの幾つかを挙げてみますと、木、石、土、竹、漆喰*（しっくい）などの自然素材を多用し、将来、産業廃棄物になるようなものの総量を少なくして、環境保全に配慮したこと、建物自体が美術工芸の集積体となるよう芸術性を高めたものにして、未来の文化遺産となるような美術館を目指していることなどです。使用する木材は特殊なものは除いて、基本的には地元で確保することにしています。

＊漆喰　消石灰に砂・糊・つなぎとする繊維質などを混ぜて水で練ったもので、建物の壁材などに使われる。

＊伽藍　仏を祀り僧が集居して仏道を修行する施設。門・塔・本堂（金堂・仏殿）・講堂（法堂）・僧房そのほかの付属施設で構成される。

――太田さんは多くの寺院の伽藍＊（がらん）の改築や茶室の新築に携わり、木造建築の設計監理に取り組んで来られていますね。太田さんはなぜ「木」なのですか。

太田　最近、「木」という言葉と文字によく出合います。十年ほど前には考えられなかったことです。私たちの祖先は、大昔から木と共存して生きてきました。それは自然の営みの中で一番理にかなない、好ましい選択だったと思います。そして日本の長い歴史的経過の中で、世界に類を見ない木の文化を生み出し、見事なまでに自然循環サイクルを機能させてきました。

けれども、この数十年、長く続いて来た木の文化の技術の蓄積と継承が危うくなっています。木の文化から離れたことによる産業廃棄物の増大や環境破壊などの危機です。日本人は木から離れてはいけない。先人が培ってきた木の建築には、子孫のためのヒントがいっぱい詰まっています。私は建築家として、木の建物を造ることは、自分の生き方に沿ったものだと思っています。

――子孫のためのヒントとは、どんなことですか。

太田 人間は自然の循環サイクルの中の一員であって、〝人間が自然と対峙（たいじ）する〟というだいそれたものではありません。人間は自然のほんの一部にすぎないのです。このことを知らせるきっかけになるのが、木の建築なのです。木の建築の中で健やかに、心豊かに生きることは人間、特に日本人にとって一番理想的なことであり、未来へのメッセージがいろいろな形で包まれていることを知ることでもあると思うのです。

私の言う木の建築は、近頃の木造というイメージとは基本的に違い、集成材でなく無垢（むく）の大きな太い木材を使用したものです。また、古来の木造には、私たちが忘れてはならない素晴らしい伝統的な仕組みが息づいています。木造というと、もしかしたら〝粗雑や薄っぺら〟というような響きが一般的にあるかもしれません。昔の木造建築物などを調べますと、非常に緻密でシスティマチックなのには驚かされます。例えば東大寺などの巨大な木造建築も、その場で造っているわけではありません。それぞれの用材を別の所でつくり、建築現場で素早く組み立てているのです。東大寺南大門の仁王像は三千パーツほどの部品の組み合わせでできているようです。十三世紀初めの制作ですから、その時代にそれほど緻密でシスティマチックな仕事が行われていたことに驚きます。

そして素材の選択です。時を超えて建物を生かそうとすると、素材をどう選ぶかということに直面します。土や木は、その点において無尽蔵とも言えるものです。子孫のためにこれを選ぶということでもあります。

――太田さんはよく「伝統をつなぐ」という言葉を使われますが、本格的な木の建築には過去から未来への情報がすべて詰まっているということなのですか。

太田　大げさに言えば、そうかもしれません。私の言う伝統とは決して古いものではありません。伝統とは常に時代の最先端のものをいうと私は思っています。伝統とは「統（もと）が伝わる」と書きますが、これは人類が生まれてから今日まで続いてきたもの、そのおおもとというか根本のものです。

私はこれをよく竹の成長に例えます。竹は成長するにつれ、覆っていた皮がはがれていきます。皮も竹ですが、はがれて落ちていきます。そして、時の経過と共になくなります。これは枝葉末節のもので、統（もと）のものにはなりません。伝統的なものも、その時代で淘汰され、現在まで伝わってきたものしか残らなかった。伝えられなかったということです。ですから現在まで伝わったものは、まったく新しい伝統的なものなのです。

私たちが意識的に次代に伝えていかなければならないものもあります。これが、木の建築と結びついているのです。木の建築は日本人の誇る伝統のかたまり、と言えると思います。

太田さんは「お野立ち所」の設計者

――そう言えば、太田さんは天城山に天皇皇后両陛下をお迎えして開かれた第五十回全国植樹祭の時に、天城の木材を使って立派な野外ステージ「お野立ち所」を造られましたね。あれは当時、随分と話題になりましたが、現在も多くの関心を集めていますね。

太田　あの建物は静岡県の植樹祭準備室から「静岡県らしさ」を出してほしいと設計を依頼されて造ったものです。デザインは、県のシンボルである富士山にかかる雲、両陛下がご臨席される際の天蓋（てんがい）をイメージしました。構造は伊勢神宮と同じ掘立

天城に造られた「お野立ち所」

て式で柱を建て、天平の手法を踏襲しながら、三百年を超えて生きる平成の様式を目指しました。木材は一部を除き地元天城のもので、六本の主な柱は樹齢百年余、高さ三十メートルのスギの木を使いました。棟梁、大工も地元でお願いして完成させました。

従来の全国植樹祭のステージは仮設的なもので、鉄骨造りが主体でした。今回は五十回という大きな節目ですので、県では石川知事をはじめ担当された皆様の心入れと熱意は大変なものでした。

――植樹祭の日は、素晴らしい天気でしたね。

太田 白く輝く木のメインステージに両陛下がお入りになった。晴れわたった青空を背に、両陛下が座っておられる。その日、建物正面からセレモニーを見ていた私は、思わず胸が熱くなりました。

――木の建築の良さを改めて実感した瞬間でもあったわけですね。

太田 そうです。私は外国の方々から「日本の建築とは何か」と尋ねられることがありますが、いつも「木の建築です」と答えることにしています。日本人は縄文時代から、木の建築に対する知恵と技術を積み重ねて来ました。これは世界に類をみないもので、日本人が唯一、語るに足る建築と言ってもいいと思っています。その日本建築の粋として、社寺や茶室、各地の特色ある民家などがあります。
これらは、人間の営みの「用」に応じ、長い時間をかけ、木や自然素材を得て造られてきたもので、そのすべてに優れた知恵、高度な技術、物事の理のエッセンスが詰まっています。この美しい日本の建築がなぜ造られなくなったのか、不思議に思いますね。

木は生きている

――私たちは、木造というと鉄筋コンクリート造りに対比する素材としてとらえてしまいます。太田さんは設計者として、これをどうとらえていますか。

太田　コンクリートは固まる際に熱を出し、断末魔の様相でドロドロと縮んで固まります。これに反して、木は生きており、その温もりを触れる者に伝えます。この相違は、物質と精神の対比と考えてもよいだろうと思います。コンクリートの社寺は年ごとに薄汚れていき、風格どころか、だんだんみすぼらしくなっていきます。これに対して木造の社寺は、もうそれだけで礼拝の対象になり得ますね。

――確かに木は生きているんですね。ＮＨＫブックスの『法隆寺を支えた木』などを読みますと、法隆寺の千三百年経った古い柱は現在のヒノキ柱と強さがほとんど変わらないということです。ヒノキは切り倒されてから二百年から三百年までの間は、曲げや圧縮、硬度などの強さが少しずつ上がってゆき、最大三〇パーセント程度も上昇する。これをピークに弱くなり始めますが、そのスピードはすごくゆっくりで、信じられないほど長く強度は維持されるというのです。

太田　そうですね、私たちが「木は生きている」というのは、そういう側面もあるからなのです。

――太田さんは木造だけしか手掛けないのですか。

太田　いや、私も木造ばかりではなく鉄筋コンクリートや鉄骨の建物も造ります。しかし、私は公共的な建物は可能な限り本格的な木造建築にしたらどうかと提案しています。この三十年あまり、日本は国を挙げてコンクリート・鉄を主体とする建物を造ってきました。ハコモノと呼ばれたこの公共建築物は、何か本来とは違った目的で建てられてきて、二十年ほどで大半が取り壊しの憂き目を見るような質のものになりさがっています。

佐野美術館が目指しているように、公共的美術館は、時代の精神を反映し、美術や工芸の粋を集め、未来の文化遺産になるようにするのが理想です。それは伝統的木造建築で実現させることができます。その事業の中で、伝統技術の伝承や人づくりが進み、雇用の場が広がります。何よりも素晴らしいのは、この建設に携わった人々の生きがいと成果が、時空を超えて長く伝わることです。

渡邉　佐野美術館は企業家として成功した佐野隆一翁が創設したのですが、昭和四十一年の設立時に佐野翁はこの建物の耐用年数は何年だろうか、とよく話題にしていました。親友だった大手建設会社の本間嘉平社長は「百年と言いたいが、五十年は太鼓判だ」と答えていました。当時、コンクリート打ち放し工法は最先端の技術でした。この建物の建設中に本間社長自ら何度も足を運んで指示し、時にはやり直しを命じていたということです。本間社長肝いりの建物で、竣工時には建築雑誌を賑々しく飾ったものでした。

今は両雄すでに他界し、酸性雨にさらされたコンクリートは崩壊の兆しを見せています。竣工から三十七年、ある意味でコンクリート神話が崩れたと見ることもできるのではないでしょうか。

安らぎを与える美術館に！

太田　コンクリートは必ずしも悪い材料ではありません。有名なローマのパンテオン*のドームなどは無筋コンクリートで、千九百年も昔から使われています。素材が生きる使い方をすれば、用途や規模の期待に十分応えてくれます。しかし私は、使える範囲ならば、木の方を選びます。コンクリートや鉄、骨材を用いた建物では、機械が主役になってしまいます。工事現場では接着剤や釘打ちのピストル、ホチキスが活躍し、人の手がかりや技が見えません。

私たちは長い間、機械化や電子化を推し進めてきましたが、それが度を超すと、私たちの仕事を奪い、優れた技術の継承と生きがいを失わせる結果になります。そのことを皆が今、ようやく分かってきたと言えるでしょう。

＊パンテオン　ローマのパンテオンは、古代ギリシャ、ローマ建築として壁体、アーチ、屋根などを現在でも完全な状態

開館式で挨拶する佐野隆一翁

で残している唯一の遺構と言われている。ギリシャ・ローマ時代最大の建築モニュメントの一つである。西暦一二六年頃、ハドリアヌス帝が建てた。

――佐野美術館をなぜ木造に建て替えるのか、その心がつかめたように思います。木肌の美しさと木の芳香は、人の心を和ませますね。それが美術館にふさわしいということですね。

渡邉　その通りだと思います。今回の改築計画をまとめるに当たって、各地の公立、私立の美術館を精力的に視察し、各館から貴重なご意見やデータを頂き、計画に反映させることができました。その視察の際、入館者からも意見を求めたのですが、「美術館は疲れる」という声の多いのに驚きました。一体これは何なのだろう。人々の心を癒（いや）すはずの美術館が、疲れさせてはいけないと痛感しました。木の建築の美術館にすれば、きっと人々に安らぎを提供できるはずだと思っています。

太田　私は奈良、京都の歴史的風景の中にいる時はいいのですが、東京に行くと疲れが増します。ホテルやマンションなどのビル群の中にいると、どうもストレスが大きいように思います。それが京都の古い木造の旅館に泊まったりする時は、気分爽快です。佐野美術館の敷地内にある木造の建物「隆泉苑」にいる時も同じように心地好い気分です。

どうも日本人という生き物は、無機質の環境の中にいればいるほど、ストレスを受けやすいのではないかと思えるフシがあります。都会は高層化や不燃化などのために、どうしても無機質の素材で造るビルが林立することになりますが、生き物にとっては決して良い環境とは言えません。打ちのめされているというか、知らず知らずダメージを受けているのではないでしょうか。日本人には木材などの有機物質的住環境が最もふさわしいのだと考えています。その意味で、佐野美術館の木造美術館への改築は意義あることだと思います。

――ところで、全国的に見て、このように大規模な木の美術館をご存じですか。あるいは最近建てられた大規模な木造建築は、どのようなものがあるのでしょうか。

太田　大径木の柱をたくさん使った木造の美術館があるという話は、聞いたことがありません。熊本県小国町の小国ドーム（小国町民体育館、一九八八年）は地元産のスギを使った大規模木造建築として有名ですが、大規模木造建築と言われている多くは集成材と鉄骨を組み合わせた構造のようです。

第二章

佐野美術館の軌跡

――最初からいきなり「なぜ木造美術館なのか」ということに踏み込んでしまいましたが、佐野美術館とは「どのように誕生し、どんなふうに歩んできたのか、そしてこれからどの方向に進もうとしているのか」など、今回の事業計画の基ともいうべきお話を少し詳しくお聞きしたいと思います。まずは、生い立ちから…。

渡邉　佐野美術館は、三島市の名誉市民である佐野隆一翁（一八八九〜一九七七）が自ら集めた重要文化財の刀剣をはじめとする優れた美術品の公開と保存を行うことを目的に、昭和四十一年二月に設立、十一月に開館しました。佐野翁は三島市の生まれで、韮山中学校（現静岡県立韮山高等学校）を出て東京高等工業学校（現東京工業大学）に学び、後に株式会社鉄興社を創立しました。幾多の発明の事業化により、日本の工業の近代化に大きな貢献をしています。

翁は、自分を育んでくれた故郷三島を愛し、両親の隠居所として日本庭園をあわせもつ隆泉苑を造り、さらに喜寿を迎えた時に、敷地に隣接して美術館を建設しました。その際、長い間にわたって収集したコレクションを、広く市民に活用して欲しいと美術館に寄贈しました。これが現在、佐野美術館の収蔵品の核となっています。

最高のものを求めた創設者の佐野翁

――どのようなコレクションだったのですか。

渡邉　日本刀をはじめ、刀装小道具、中国陶磁器・青銅器、金銅仏、書画など、東洋の古美術が主なコレクションでした。

――佐野翁の人間像について伺いたいのですが、渡邉館長は館のスタート時点から翁の薫陶を受けておられましたから、いろいろな逸話をお持ちでしょう。

渡邉　そうですね、ごく日常の話をしますと、翁の机の引き出しには、世界最高級の

佐野隆一翁

銘柄のハサミとナイフが一つずつ、赤青二色とＨＢの鉛筆が一本ずつに消しゴムが一個、常にそれ以上も以下のこともありませんでした。メモ用紙は裏紙を用い、封筒、紙一枚みだりに捨てることを許しませんでした。一方、収集した日本刀のために、総桐の最高級の箪笥（たんす）をあつらえ、そこに、これ以上ないというほど見事に整理していました。

隆泉苑を造る時は、最良の資材を集め、職人を選び抜いて施工させ、家屋も庭も常に手入れを怠りませんでした。「手入れができないなら庭を持つな」が、翁の口癖でした。整理・整頓の不備をもっとも厳しく叱り、使い捨てほど人間の精神を堕落させるものはないと、いつも話されておりました。良質のものを手入れして磨き、長くいとおしんで用いることは、人間の魂を磨くことにつながるという姿勢だったと思います。

―― その精神が佐野美術館のバックボーンをなしていますね。

渡　邉　そうです。最良の質を選び、手入れを怠らず長期に用いるということ、これが翁の理念です。今回の美術館の改築計画は、この理念に沿ったものだと、私たちは確信しております。

―― コレクターとしての佐野翁にはどんな特徴がありましたか。

渡　邉　「不景気のどん底の時に仕事を始める。これが本当なんだよ」と、翁はよく言われていましたが、美術品の収集方法もまさにその手法でした。人が〝あれは良い〟と気付き始めた頃、翁はもう次の目標に移っていました。

伝統的な職人芸には、強く心惹かれたようです。ある時、煙草入れのキセルの筒の蓋（ふた）を抜いたり差したりしながら、「ねえ君、これが芸だよ！　スウーと吸い込まれるように入って、ピタリと止まって、びくともしない。それでいて、筒の蓋の中に入る部分の蒔絵がまったく擦れていないじゃないか」と、私に話しかけられました。そんな職人芸に喜々とされておられました。そして、膨大なコレクションの一点一点の見所を自分なりにきちっと見定めて、記憶の箪笥にしまっているようでもありました。

コレクションの手法は系統的

――佐野美術館の日本刀のコレクションは相当な数にのぼりますが、多くは佐野翁の寄贈でしたね。翁の収集にのぞむ姿勢はどんな様子でしたか。

渡邉　日本刀の収集の手法は、やはり科学者らしいなという印象を受けます。まず日本刀の全貌を見定め、歴史や流派を調べて一覧表を作る。それから自分の目標を定めるということだったと思います。例えば、山城には三条五条派、粟田口派、綾小路派、来派*（らいは）などがありますが、来派は長期にわたって栄えましたので、初祖の国行、二字国俊、来国俊、来国光、来国次、来国長と筋を通して集めています。相州では新藤五国光、正宗、貞宗、広光、広正と系統だてる。備前は古刀時代に刀剣王国と言われ、多くの流派がありますが、そのほとんどを集めています。これほど備前刀を意識的に系統だてて集めたコレクションはほかにありません。系統だてるということに主眼を置き、珍品を求めることはしなかったようです。

*来派　鎌倉時代中期から南北朝時代にかけて山城国で隆盛を極めた刀鍛冶一門。出自については、高麗から渡来した人物が刀工になったという説と、京の刀匠である粟田口派から派生した説とがある。

――隆泉苑は、その佐野翁の両親の住居だったわけですね。場所は三島市街の中心域にありますし、庭の池には富士山からの湧き水も引かれており、あらゆる面で一等地ですね。

「隆泉苑」正門

「隆泉苑」玄関

渡邉　本当に環境に恵まれています。約一万平方メートルの敷地には池を囲んだ回遊式日本庭園があり、その南側に美術館があります。これらの空間は、そのまま市民に憩いの場として提供しています。JR三島駅から南にまっすぐ一・三キロの、市の中心部といえるところにあるため、来訪者にも大変好評です。

百回余の企画展を開催

――これまでずいぶん意欲的な展覧会を開催しておりますが、渡邉館長の印象深い展覧会には、どんなものがありましたか。

渡邉　この三十余年間、百回あまりの企画展を開催してきましたが、どれもみんな心に残る深い思い出があります。開館記念展で第一展示室に名刀が勢ぞろいしたのは圧巻でした。その中で上杉謙信所用と伝える豊後国行平の太刀と、銀の薄板による大きな三日月文が施された黒漆太刀拵（重要文化財）は、佐野翁がかなりお気に入りのようでした。翁

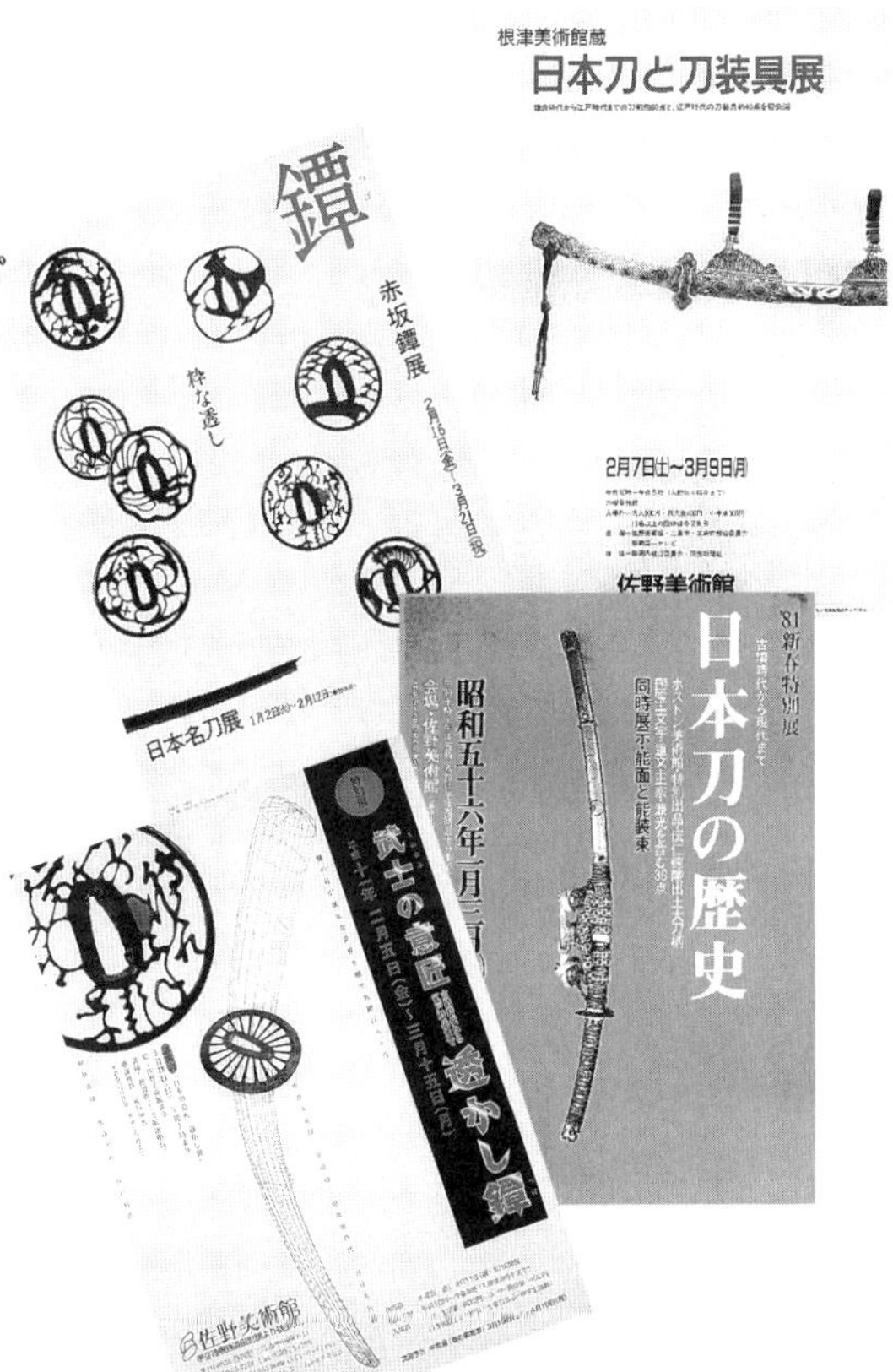
根津美術館蔵
日本刀と刀装具展
2月7日(土)~3月9日(月)
佐野美術館
鐔
1990
赤坂鐔展
粋な透し
日本名刀展
'81新春特別展
古墳時代から現代まで
日本刀の歴史
同時展示 能面と能装束
昭和五十六年一月二日
武士の意匠
透かし鐔
佐野美術館

「刀展」のポスター

は、太閤秀吉所蔵の大兼光（重要文化財）や細川家伝来の新藤五国光（重要文化財）など、一腰一腰について来館者に話されていました。翁はフェロアロイ*を日本で初めて開発して、鉄興社を興した方ですので、日本刀のコレクションも鉄との縁であったように思えます。

＊フェロアロイ　鉄合金、合金鉄ともいう。製鋼過程での脱酸あるいは特殊鋼の性質改善のためにつくられた添加用合金の総称。

――そのほか、記憶に残る特別展はいろいろあるでしょうね。

渡邉　開館三年目に開催した「日本刀―五大流派の特別展」は、佐野隆一翁健在の頃の展覧会だっただけに、私にはさまざまな思いがよぎります。そのほか昭和五十三年の「澤田政廣展」、昭和五十五年の「ボストン美術館日本陶磁器展―モースコレクションによる」、昭和五十七年の「東山魁夷展―山河遍歴―」、平成二年の「小倉遊亀展」、陽明文庫所蔵の「近衛家の名宝展―古筆と貴族文化」、平成六年の「伊東深水〜麗らかな色香を描く〜」、三十周年記念の「岸田劉生展」「智恵子抄展」など、三島市民はもちろん県東部地域の人たちに好評をもって迎えられました。

――「東山魁夷展」*は大変なにぎわいだったようですね。

渡邉　昭和五十七年の七月から八月にかけての展覧会でしたが、入場者は四万八千人もありました。これは、現在までの当館特別展における入場者数の最高記録です。この頃を機に、佐野美術館の存在が全国的に広く知られるようになったと思います。東山画伯は独特の風景画の世界を創りあげています。当館の評議員でもある東京都庭園美術館名誉館長の鈴木進さんは、東山画伯を「国民的画伯」と称賛、作品の特色を「藍の用い方が独特で、作風は平明であり叙情性に富んでいる」と評価されていました。この年は国立近代美術館などで東山魁夷展を開き、一年間で約百万人の入場者を数えました。日本画家でこれほどの観客を集めるということは、大変なことです。

入場者数で言えば、昭和五十九年の「平山郁夫展」、昭和六十年の「ピーターラビットとクマのプーさん展」「岸田劉生展」、平成六年の「伊東深水展」なども多くの入館者があり、にぎわいました。

＊東山魁夷（ひがしやま・かいい）（一九〇八～一九九九）　明治四十一年、横浜生まれ。日本画家。昭和六年、東京美術学校日本画科卒業。結城素明（ゆうき・そめい）に師事。昭和八～十年、ドイツに留学。昭和二十二年「残照」が日展に特選。日本や北欧、中国などの風景を描いて日本美の本質を探求、多くの人々の心をとらえた。日本芸術院会員などに就任。昭和四十四年、文化勲章受章。

「徳川四天王展」でお祓い

――長い館の運営の中で、何か特別な出来事はありませんでしたか。

渡邉　山形県の致道博物館*（ちどうはくぶつかん）と共催した企画展「徳川四天王展」で起きた、ちょっとした出来事は忘れられません。徳川四天王とは酒井忠次、本多忠勝、榊原康政、井伊直政の四人です。家康が天下人となるうえで、この四武将の存在は光っています。子孫はそれぞれ、四百年後の今日まで資料や宝物を伝えています。展覧会はこれらを一堂に会するものでした。致道博物館は酒井忠次をはじめ代々の宝物を保存すると共に、武士の精神を受け継いでいます。

企画展はまず、昭和六十年五月に致道博物館で始まり、酒井忠次の華々しい功績を示す数々の名品が展示されました。その中には、家康から拝領した国宝信房の太刀と織田信長から拝領した国宝真光の太刀がありました。いずれも天下の名刀です。私は、その真光の

家康の江戸幕府設立の礎となった武将たち
徳川四天王展
太刀・甲冑・画像・書跡・遺愛品など国宝・重文を含む約五十点
酒井忠次
本多忠勝
榊原康政
井伊直政
七月三日(水)〜七月三十日(火)
佐野美術館
■午前十時〜午後五時(入場四時半迄)■木曜休館 ■入場料 大人七〇〇円・高大生五〇〇円・小中生三〇〇円(団体割引あり)
■主催…佐野美術館・三島市・三島市教育委員会・静岡新聞社・SBS静岡放送 ■後援…静岡県教育委員会
■三島市中田町一・四三（TEL）〇五五九・七五・七二七八 国鉄三島駅下車

「徳川四天王展」ポスター

隣に「一文字助光」の太刀が欲しかったので、特別にお願いして展示に加えて頂きました。なぜなら、長篠の戦いの第一の功労者は、鳶巣山城を夜討ちして奪い取った酒井忠次であり、助光は鳶巣山城を守っていた武田信玄の弟、武田兵庫頭真実の太刀だったからです。この助光は、明治になって酒井家に奉納されたものですが、展示担当者としては、この太刀を並べて展示するのは当然の発想と言えます。ところが、展覧会初日の深夜にハプニングが起きたのです。

＊致道博物館　昭和二十七年、山形県鶴岡市に開館。旧庄内藩主酒井氏より旧藩校致道館の資料と土地建物の寄付を受けて設立された。

――何が起きたのですか？

渡邉　展示をすっかり終えて初日を待つ深夜、午前零時半に突然、警報器が鳴り出したのです。警察も駆けつけ、いろいろ調べたのですが、どこにも異常はありませんでした。何かの誤作動だろうということになったのですが、翌日の午前零時半に再び警報器が異常を告げました。しかし、やはり原因は分かりません。何なのだろうということになり、いろいろ意見が出たのですが、「酒井忠次が夜討ちをしたのが、ちょうど午前零時半ごろだった」という話が説得力を持ちました。
翌日、霊能者が呼ばれました。助光には異常なエネルギーともいえるものが込められていたということです。さっそく慰霊の法要が営まれましたが、それ以降、警報器は鳴らなくなりました。佐野美術館での展示は七月三日から七月三十日まででしたが、展示前にはきちんとお祓いをしました。忘れられない印象深い展覧会でした。

小倉遊亀*さんの挨拶

――平成二年の「小倉遊亀展」も好評でしたね。

渡邉　ええ、そうでした。女流日本画家の最高峰と言われる小倉画伯の優しく、深く、静かな作品群は素晴らしいものでした。私は展覧会の前の年に、九十四歳を迎えられた小倉画伯を鎌倉の画室に訪ねました。その時のお話がとても心に深く残っています。小倉画伯は「私は絵が上手ではありません。こんな絵で展覧会を開いていただくのは申しわけありません」とおっしゃいました。展覧会を開催したときは九十五歳になられていましたが、当館にわざわざお運びいただき、ご挨拶をいただきました。そのご挨拶は「安田靫彦先生、遊亀はまだ一枚の葉っぱが手に入りません」と、亡き師匠に詫びる話しかけから始まりました。そして「絵を描くことだけが喜びとなっております現在の私ですが、さて果たして、葉っぱが手に入っておりますかどうか、皆さま方にご覧いただきたいと存じます」と、はにかむような様子で締めくくりました。その姿は少女のようで、感動的でした。

＊小倉遊亀（おぐら・ゆき）（一八九五～二〇〇〇）明治二十八年、大津市生まれ。日本画家。奈良女子高等師範学校卒業後、安田靫彦に師事。大正十五年、第十三回院展に初入選、以後同展で活躍、女流画家の第一人者となる。気品あふれるデフォルメに、明るく匂やかな画風を展開した。昭和三十七年、日本芸術院賞受賞。同五十五年文化勲章を受章。

＊安田靫彦（やすだ・ゆきひこ）（一八八四～一九七八）明治十七年、東京生まれ。日本画家。小堀鞆音に師事、今村紫紅らと紅児会を結成。明治三十四年東京美術学校中退。初期院展に第一回展より出品、のち文展に出品。日本美術院の再興に参加。中国や日本の古典に取材した、高い格調を示す新古典主義的作風を確立した。日本芸術院会員、東京美術学校教授などを歴任、昭和二十三年に文化勲章を受章。

――「一枚の葉っぱ」は何を意味しているのですか。

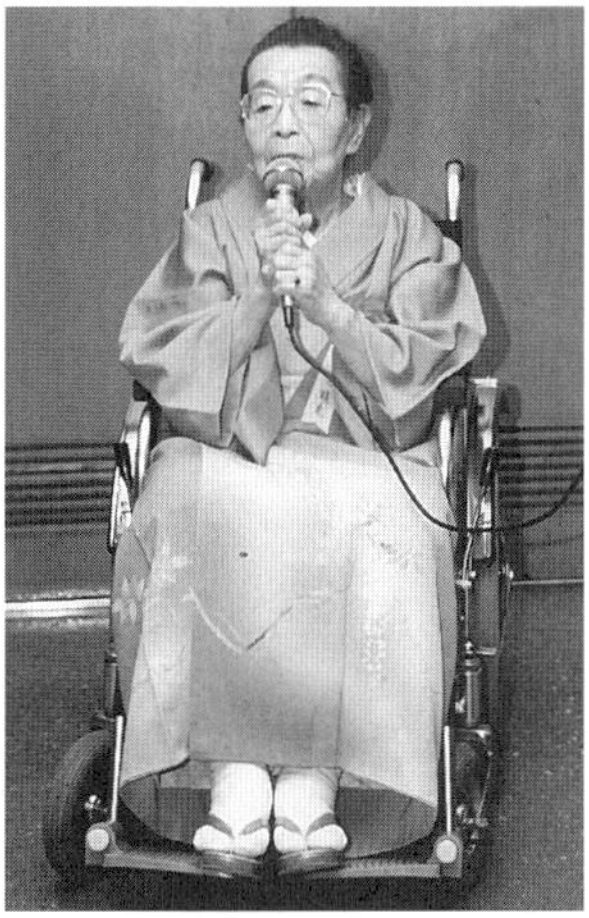

挨拶する小倉遊亀さん

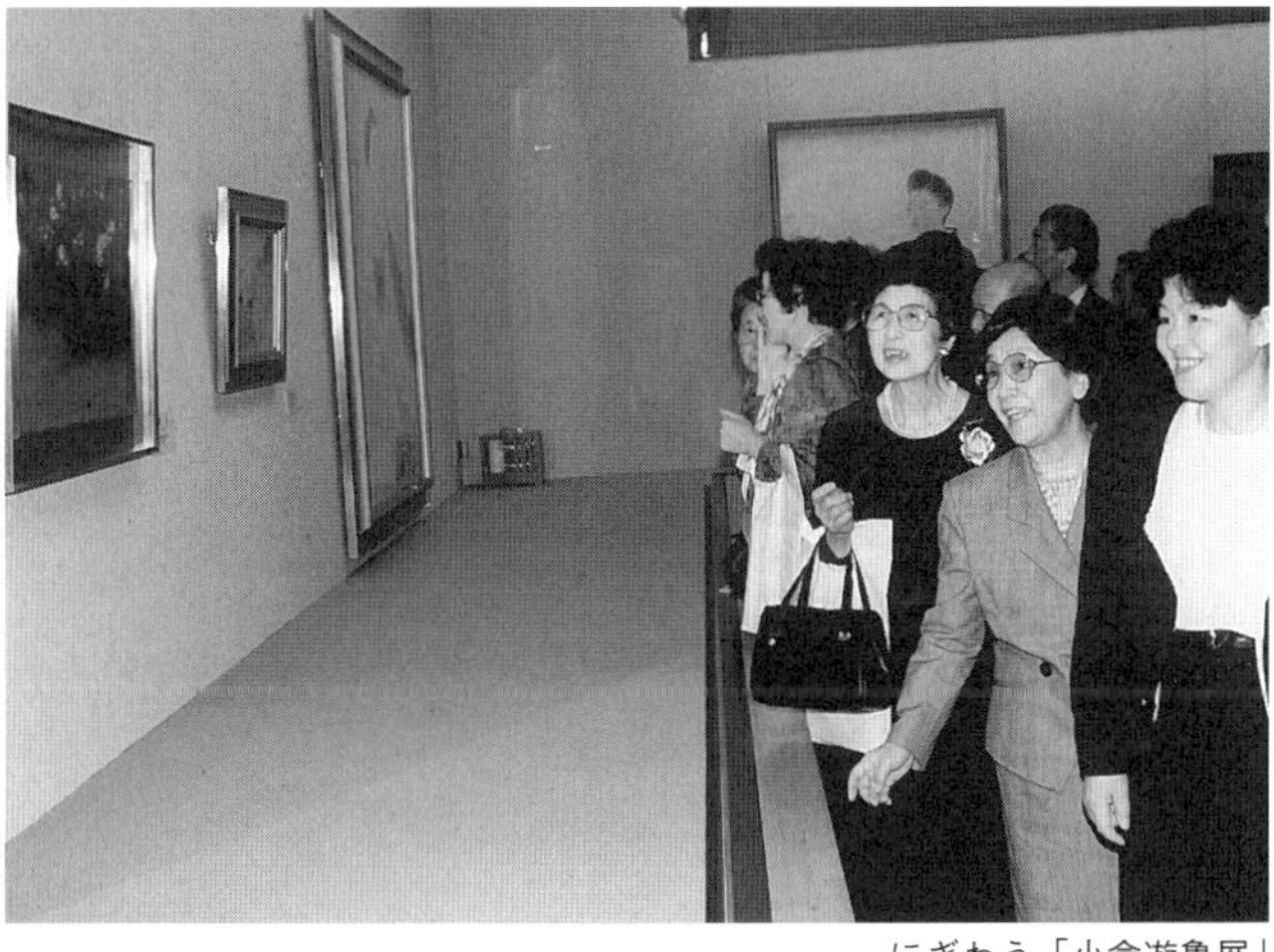

にぎわう「小倉遊亀展」

渡邉　ご挨拶の「一枚の葉っぱ」は、小倉遊亀が奈良女子高等師範学校を出て三年ほど後に、大磯の安田画伯を訪ね指導を受けた時の話なのです。その時、遊亀は安田画伯から「何年かかってもよいでしょう。自分を出そうとしなくても、見た感じを逃さぬように心掛けていけば、その都度違う表現となって、いつの間にか一枚の葉っぱが手に入りますよ」と、諭されたことを話されたのでした。

――昭和五十四年の「宮本武蔵展」は、佐野美術館らしい展覧会として話題になりましたね。

渡邉　今年のNHKの大河ドラマは宮本武蔵ですので、多くの方がみておられると思いますが、宮本武蔵は剣豪として激動の生涯を送っただけではなく、江戸初期を代表する武人画家でもありました。その描く水墨画は、剣の冴えのように鋭い自然観察の目と、孤愁といった心境を感じます。あの展覧会は、熊本の細川家や松井家に伝来している重要文化財の「鵜図」や「葦雁図屛風」をはじめ、書画、刀剣、木刀、鐔（つば）など六十点を展示しました。

――武蔵は国民的英雄ですから、いつの時代も人気はありますね。渡邉館長はこの展覧会で武蔵のどんなところに関心を持ちましたか。

渡　邉　生涯、一度も負けたことのない武蔵とはどんな人物なのか、私も非常に興味がありました。特に、鐔（つば）はすごいと思いました。用に徹して一分の無駄もない。一般に「なまこ透」と呼ばれるものです。武蔵の手作りではないだろうかとも思いました。武蔵の書いた『五輪書』の「水の巻」に「心を広く直にして、きつくひっぱらず、少しもたるまず、心のかたよらぬように心をまん中におきて、心を静かにゆるがせ、そのゆるぎのせつなも、ゆるぎやまぬように」とありますが、その鐔は武蔵の心を形にしたように思えたことを鮮烈に覚えています。

豊富な所蔵品を誇る

――佐野美術館には多くの貴重な所蔵品があると思いますが、重要文化財や重要美術品はどんなものがありますか。二、三点挙げてもらえますか。

渡　邉　重要文化財として挙げるとしたら、平安時代に造られた「大日如来坐像」があります。この仏像は河内長野市にある河合寺のものでした。開館して数年後だったと思いますが、この仏像の前で長い間座して拝んでいるご婦人がいました。河合寺から旅立った仏像を探して訪ねて来たのです。私は、この仏像が美術品であるばかりではなく、信仰の対象であったことに強く心を打たれました。それ以来、毎年の暮れの大掃除のあと、香を焚き経を唱えています。また、重要美術品の「蔵王権現立像」も同じく平安時代の作で、かつては河合寺にあった像です。

室町時代に作られた「秋草文黒漆太刀拵」（あきくさもんくろうるしたちこしらえ）は、上杉謙信が佩刀（はいとう）していたと伝えられており、重要文化財となっています。豊臣秀吉が「謙信の太刀は長い」と評したと伝えられていますが、この太刀も百二十二センチと長く、スマートな武将の姿を彷彿（ほうふつ）とさせます。その黒ずくめの鞘には、銀鈿（ぎんでん）で大きく三日月が配されています。いかにも謙信らしい意匠です。

——中国の古い青銅器などもありますね。

渡邉　所蔵品の中で最も古いものは、饕餮文方彝（とうてつもんほうい）と呼ばれる古代中国の殷王朝の酒器です。お酒を入れて神に捧げた器です。器は寸分の隙間なく文様で埋め尽くされています。虺龍文（きりゅうもん）といわれる蛇がとぐろを巻いている地

大日如来坐像

文に饕餮が大きく施され、青銅器の典型的な文様です。器を奇怪な文様で埋め尽くすのは、隙間から邪神が忍び入るのを防ぐためと言われています。古代中国人にとって、文様は祈りと同質のものであったようです。これをコレクションに加えた佐野翁は、このような青銅器を殷文明がどのような技でつくり出したのかという疑問を、ずっと抱き続けていたようです。

――地元の作家、澤田政廣*の木彫もありましたね。

渡邉　澤田さんは熱海生まれで、韮山中学校（現静岡県立韮山高等学校）を卒業した彫刻家です。佐野美術館の一階正面に常設展示しているのは、日展で特選となった「白鳳」という作品です。澤田さんは昭和六十三年に、九十三歳で亡くなられましたが、この作品について親しくお伺いした懐かしい思い出があります。私がこの像を見たとき、澤田さんはきっと背の高い人だと思いました。しかし、お目にかかってみると、瘠身で小柄の方でした。

この像を彫ったきっかけについて澤田さんは、「私は体が弱く、あまり長生きできないだろうから、ここで大きな木に挑んで大きな像を彫り出したいと思いました。わが国の最も力の充実した時代を、ということで、日本人が精力的に大陸文化を受け入れようと熱く

澤田政廣作「白鳳」

展覧会で挨拶する澤田政廣さん

燃えていた白鳳時代を選び、その豊かなエネルギーをつくってみたかったのです」と述べられました。

＊澤田政廣（さわだ・せいこう）（一八九四〜一九八八）　明治二十七年、熱海市生まれ。彫刻家。上京して高村光雲の高弟・山本瑞雲に学ぶ。東京美術学校彫刻科別科卒業。帝展、新文展、日展で活躍。昭和二十七年に「五木の精」により芸術選奨文部大臣賞、翌年には「三華」により日本芸術院賞を受賞。昭和五十四年文化勲章を受章。郷里の熱海市にある澤田政廣記念館には木彫、ブロンズ、油絵、デッサン、陶器などが収蔵公開されている。

――ところで、佐野美術館は国宝や重文の美術品などを自由に展示できるようですが、それはどうしてなのですか。

渡邉　平成九年に文化庁は、国宝や重要文化財の公開が文化財を保存する上で適切な施設で行われるようにと、公開承認施設の認定という制度を設けました。この認定を受けたことにより、当館では国宝や重要文化財を文化庁の許可なしに展示することができることになりました。県内でこの認定を受けているのは、静岡県立美術館、ＭＯＡ美術館と当館だけでして、質の高い内容の展示ができることを、私たちは誇りに思っています。

寄贈でコレクションが充実

——寄贈を受けたコレクションにはどのようなものがありますか。

渡邉 近年、毎年のように寄贈を受けていますが、一番際立っているものは昭和六十二年に寄贈を受けた国宝の長光の薙刀（なぎなた）でしょうか。これは静岡市の刀剣コレクターとして知られた故佐藤寛次さんのご所蔵でした。佐藤さんは病の床に就かれ、重文の正宗などの名刀も含めての行く末を案じられ、国への委譲を考えられておられました。国が購入を示唆したのですが、佐藤さんの長男である尚さんをはじめ六人の子供さんたちが県内の佐野美術館に置きたいと希望されたため、国宝だけは当館に寄贈されたのです。ご兄弟姉妹が国宝を担いで、当館に見えられたのはその年の二月だったと思います。佐藤さんは「佐野さんがこれだけ立派な美術館を静岡県に残してくれたのだから、僕も協力させてもらいます」とおっしゃっていました。

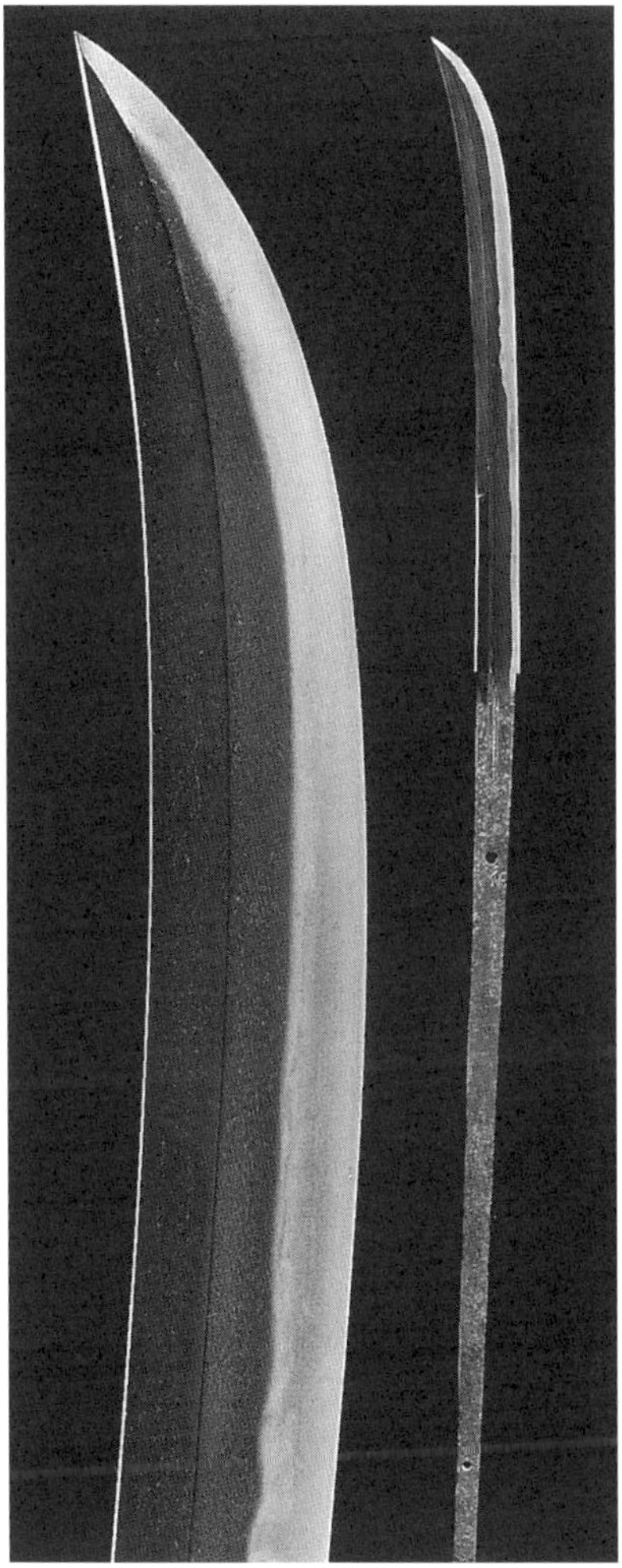

国宝の薙刀「長光」

佐野美術館には名刀はたくさんあるのですが、国宝が無かったものですから、大変有難く思いました。ご恩に報いるため「長光展」を開催、刀剣界でも話題になりました。これをきっかけにして、「京の名匠展」「正宗展」「草創期の日本刀展」などを開催するようになったのです。「もの」は人の縁によって集まるものだとつくづく思いました。

――すばらしい寄贈品ですね。ほかにも寄贈を受けたものはありますか。

渡邉　平成十一年にタイル収集家として有名な故山本正之さんから、美濃焼のコレクションをご寄贈いただきました。普通の人でしたら、美濃焼なら美濃の博物館へ寄贈しようと考えるでしょう。しかし、山本さんは佐野美術館には美濃焼がないから新しいジャンルのコレクションをつくりたいと言って、当館を選んでくださったのです。山本さんのコレクションを意欲的に研究し、展示に活用しようという当館の坪井則子学芸員の存在も大きかったと思います。

このほか、慶応義塾大学の森岡敬一郎教授からは小木彫群が寄贈されました。明治から昭和にかけての作品で、竹内久一などの小さな木彫は、刀が冴えてきびきびした感じです。伊豆に日本伝統工芸会正会員である竹細工の辻完氏がいます。実に手の込んだ作品で、一年一作だったという方ですが、昨年、全作品を当館に寄贈されました。近く公開の予定で

山本コレクションの陶器

す。また、辻輝子氏の万華鏡一式が、㈱増進会出版社により寄贈されました。限り無い幻想の世界を展開してくれます。

――寄贈は増える傾向にありますか。

渡邉 今、世代が交代し、家を継がない、継げないという状況があり、家伝来の宝物を寄託したり寄贈したりするケースが増えています。個人で家宝を守れなくなってきています。これらを守り伝えるのも、美術館の任務です。先人の残した貴重な美術品を守り、広く公開すること、ここに美術館の公共性があります。

時代を先取りした改築

――バブルがはじけて以降、インターネットの普及や人々の価値観の多様化、経済の低迷と不況の深刻化などから、美術館を取り巻く環境が大きく変わりました。美術館関係者はどのように対応すべきか、頭を痛めていると聞いております。佐野美術館の施設改築はこれを見据えての、時代を先取りした改築とも受け取れますが、渡邉館長はこのあたりをどのようにとらえているのですか。

渡邉　美術館を取り巻く状況は、確かに激変しています。インターネットの普及により、人々は自宅で美術作品を画像で見ることができるようになりました。その画像は、重い図録を持ち歩かなくても、CDに取り込まれ、ハンドバッグに入るようになりました。これらの影響もあって、美術館入場者は最盛期の半分に落ちていますし、豪華な大型図録の売れ行きも減少、手軽な小型図録に人気が集まっています。

――世界の名画が毎年のように日本に集中、大きな美術展は押すな押すなの盛況だった高度経済成長期は、今考えると異常だったのかもしれませんね。

渡邉　二十世紀後半、世界中で大型美術展が目白押しに開催され、豪華な図録が作られ、人々は遠きをものともせず殺到しました。古今東西の美術品がデパートの仮設展示ケースに所狭しと並ぶこともありました。人々は人垣をかき分けて珍しい美術品を垣間見て、へとへとに疲れて、重い豪華な図録を抱えて引き上げる。これが大型美術展のパターンでした。

――美術館を取り巻く環境は今後どんな形になると思いますか。

渡邉　こういう時代だからこそ、本物に触れて楽しむという人々のニーズは変わらないと思います。人々は美術品をふさわしい環境でゆっくり味わい、心を満たす場を求めるようになるでしょう。人間の五感が心地よく調和される環境づくりが今、求められているのです。

普請（ふしん）で造る

――それにしても、不況は深刻化していますから、寄付を集めるのは大変ですね。第一期工事というべき別館建設は、必要資金のすべてを「普請方式」で集めるとされていますが、どんな形で進めるのですか。

渡邉　「一番苦しい時代に始める」というのが、佐野隆一翁のモットーでしたから、苦しい時代ですが、目的に向かって精一杯努力します。当館の緒明實理事長は「天平の昔、聖武天皇は東大寺盧舎那仏（るしゃなぶつ）建立を発願された詔（みことのり）で、〃一枝の草、一把の土〟であっても協力しようとする人々の力を集めようとしました。その百五十年後の大仏修理の時には、真如上人が先帝の詔を引用して、広く人々に寄進を呼びかけました。恐れ多いことですが、これを模範として、現代の普請をしよう」と、話しています。後世に伝える文化遺産を生み出すには、このような手法があってもいいと思います。というより、この手法が最良なのではないか、と考えています。

太田　普請とは、「普（あまね）く請（こ）う」と読みます。大勢の人々の力をお願いするということです。つい最近まで、木造の建物を造るときには、皆で手伝ったものです。住宅の上棟の際には家族総出で、近所の人も手伝い、通りがかりの人まで手を貸していました。しかし今は、ケガなどされては困ることや、建物自体がプレハブ化したりで、手伝うことができなくなっています。

昔は、お寺などの公共的建物を造るには、大勢の人々の寄付や労力提供を仰ぐのが普通でした。屋根瓦の一枚を寄進してもらうような小さな善意の資金集めである瓦募金のように誰でも参加できる協力が、やがて大きな力となって歴史的な建造物ができていたわけです。

募金で造った「トワレかわせみ」

――そう言えば、佐野美術館の隣にある、評判の公衆トイレ「トワレかわせみ」も、普請に似た募金活動で建てられましたね。

渡邉　そうです。「ここはカフェ？」なんて間違われるほどの、きれいなトイレです。うちの館では平成八年にトイレを造ろうということになったのですが、増設しようにも館内にはスペースがない。そこで外に造ることにしたわけです。県の補助を受け、三島市が受け皿となって観光トイレとして建設することになったのですが、資金が足りない。そこで五千万円を寄付に頼ろうと動いたのです。募金活動をした結果、約千人の方々からの寄付五千五百万円が集まり、素晴らしいトイレが完成したのです。設計は太田さんにお願いしました。この「トワレかわせみ」が縁で、太田さんとのお付き合いが始まったというわけです。

トワレかわせみ

このトイレは、従来の公衆トイレのイメージを一新させたと思います。内部は不思議と広く見えます。その謎は、アーチ型の鴨居（かもい）などの曲線がそれぞれ異なり、奥行きとリズム感を持たせているからだと思います。夕日を受けたステンドグラスが鏡に映ると、幻想的な小世界です。

――さて、今回の美術館建設では、どんな具合に人々に協力を呼びかけますか。どんな心を訴えますか。

太田　渡邉館長と話しているのですが、「この事業にかかわったすべての人々と、これからの三百年を一緒に生きましょう」ということに尽きると思います。本格的な木造建築は、三百年いや五百年生き続けることができますから、それと一緒に私たちの思いや技術や情熱を伝えることができるわけです。

渡邉　すでに昨年から別館の募金のお願いを始めております。小中学生までもが自分の小遣いから寄付をしてくれている姿を見て、頭が下がります。何としてでもやりぬかなければならないと、励まされます。

太田　次代を担う子供たちに関心を持たれ、協力を得られることは、とても重要なことだと思います。この事業がもっと多くの人々に知られ、理解されてくれれば、資金協力の輪は広がると思います。この事業のポイントは、これまでにない形の地域文化の発信になるということです。別館建設の後の第二次計画として造る三百年の木造美術館は、三島市や県東部、静岡県が全国に誇れる建物になるでしょうし、木造建築技術の継承や地域林業の復興、また森林の再生、雇用促進などの良い展望が広がります。

――別館が完成し、続いて三百年の木造美術館が完成した時の、地元への経済波及効果は大きなものになるでしょうね。県の東部一帯にその効果は広がると予想されます。三島市の文化的評価も当然高まるでしょう。その意味で、佐野美術館の改築には県や地元の強力なバックアップがあってもいいのではないでしょうか。

渡邉　私たちはもちろん、そうあってほしいと願っています。

第三章

デザインされた木造美術館

――美術館本館は昨年六月に基本設計ができて、これから実施設計に入るということですが、全体計画はどうなっているのでしょうか。

渡邉　図面を見ながらお話ししますが、新しい美術館は現在の建物を取り壊した後に建設します。敷地内に国の登録文化財の隆泉苑と回遊式池泉庭園があり、全体計画はこの池を中心にして、すべての施設が一体化するように配慮されていると思います。

太田　全体のコンセプトは次の三点です。一つ目は、回遊式池泉庭園に集約される二つの景観軸。二つ目は池を巡る連続する明快な動線。そして三つ目は既存施設と回遊式池泉庭園との連携・調和です。池を中心に美術館本館と回廊、玄関棟、隆泉苑が連なり、全体が連携・調和を保ちながら理想的に結びつきます。

また、敷地内をゾーン区分しますと、池を挟んで「美術館本館ゾーン」と隆泉苑を含む「玄関ゾーン」が向かい合い、これを「回廊ゾーン」が結びます。「回廊ゾーン」は将来、アットホームなギャラリーとしての利用も考えられます。

正面入口の県道を挟んだ対向面に「別館ゾーン」がありますが、これは美術館本館が完成するまでの間は美術館として、また本館完成後は静岡県の伝統工芸などの展示スペース、友の会などの創作部門の会場として使用されます。

本館は現在の三倍の広さに

——別館の美術館を造ってオープンさせ、引き続いて美術館本館の建設に取りかかるという二段構えの大変な工事のようですが、どんな計画で進みますか。

渡邉　別館はすでに実施設計が終わり、工事がまもなく始まります。完成は平成十六年の秋を予定しています。本館はこれから実施設計に入る段階で、平成十七年に着工でき

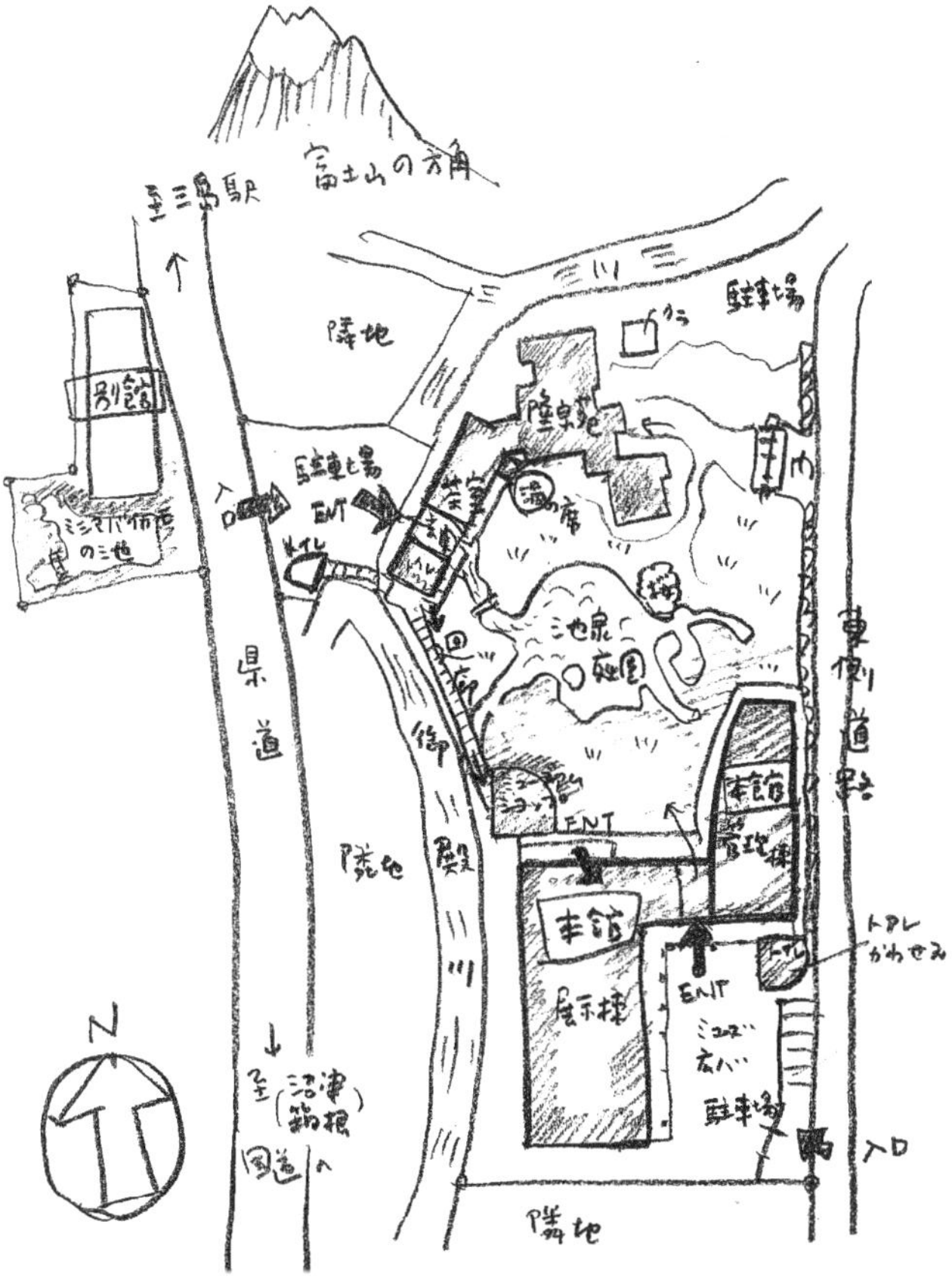
富士山の方角
至三島駅
川
隣地
駐車場
別館
入口
駐車場
ENT
茶室
玄関
AV
トイレ
池泉庭園
回廊
県道
御殿川
隣地
本館
管理棟
ENT
本館
展示棟
ENT
トイレ
かわせみ
東側道路
駐車場
入口
N
至 沼津 箱根
国道へ
隣地

新館配置計画図

ればいいと考えています。完成までに四年ほどかかりますので、オープンは順調に進めば平成二十二年（二〇一〇）となる予定です。

――美術館本館はどのくらいの規模なのですか、現在のものよりだいぶ大きなものになりますか。

渡邉　木造二階建てで、延べ床面積が約三千平方メートル、現在のものよりざっと三倍ほどの広さになります。展示室は七百九十五平方メートルで、現在の二倍強ですが、収蔵庫は五百九十平方メートルと現在（五十平方メートル）の約十二倍。管理・調査スペースは四百二十六平方メートルで現在（百四十八平方メートル）の約三倍です。狭い悩みは一気に解消されます。

本館の屋根は名刀「正宗」のシルエット

――完成予想図や完成模型を見ますと、太い柱がずらりと並ぶ正面の眺めはたくま

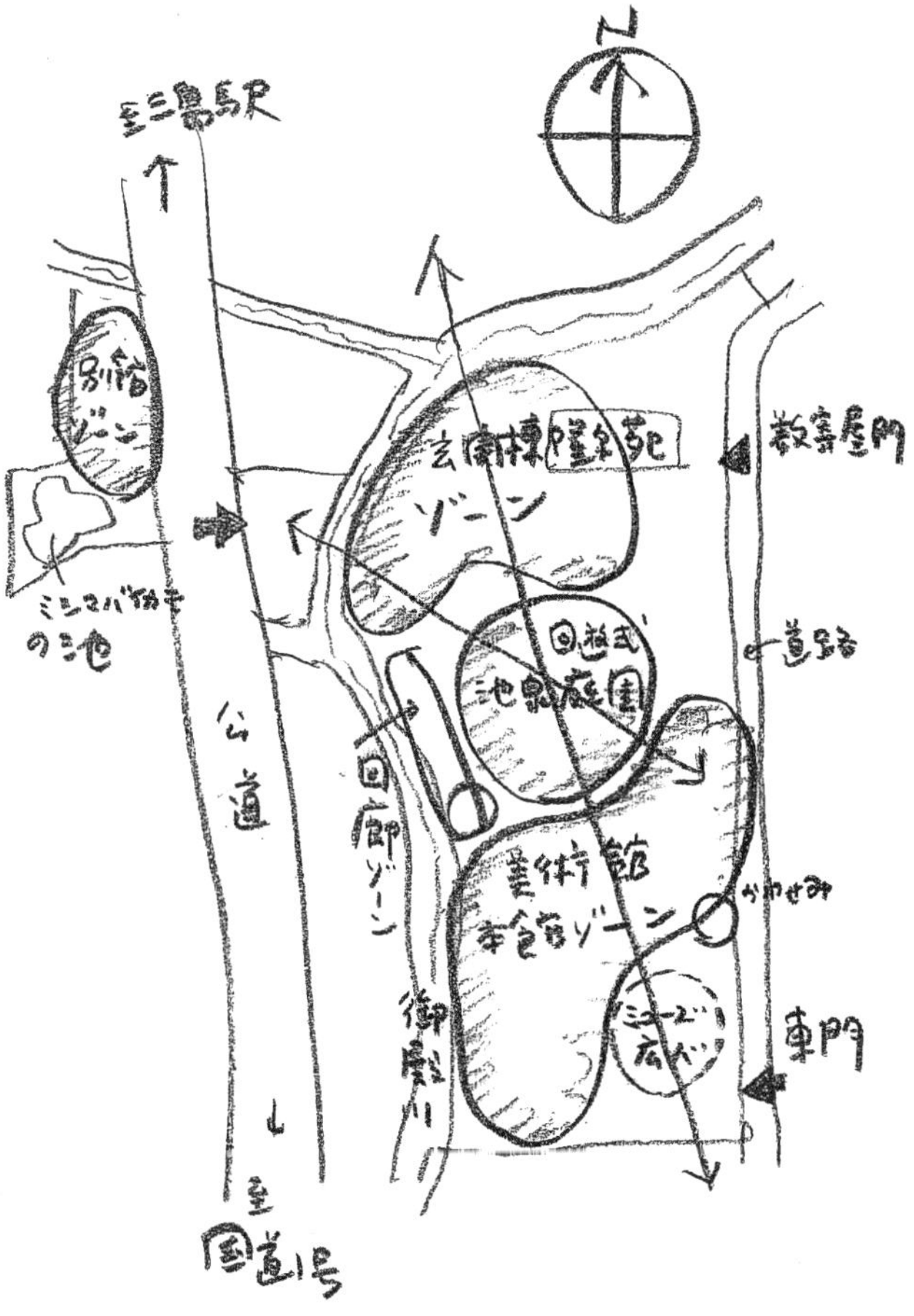
N
至三島駅
別館ゾーン
ミシマバイカモの池
公道
至
国道1号
玄関棟
ゾーン
回遊式
池泉庭園
回廊ゾーン
美術館
本館ゾーン
かわせみ
ミューズ広場
御殿川
数寄屋門
道路
東門

ゾーニング図

しいと同時に優しい感じがありますが、どんな気持ちを込めて設計されたのですか。

太田　美術館本館のイメージを回遊式日本庭園に合わせるよう努めました。建物の外観は、敷地の大きさに対応する「ボリューム感」や「かたち」、「借景」などに大きく左右されるため、まず空間的視点の調整を行いました。そして「ボリューム感」は、既存の庭園と隆泉苑の方向になだらかに高さを落としていくことにより、圧迫感を少なくしています。建築的ヒューマンスケールに近づけたと言ってもよいでしょう。

屋根に代表される「かたち」は、本館の展示棟と管理棟の二棟を連続する弧を用い、柔らかなシルエットとすることで整えました。曲線には名刀「正宗*」の反りを写し、美術館としての品格を高めるよう考えました。

*正宗（まさむね）　鎌倉末期の刀工で、鎌倉に住んだ。十四世紀前半に活躍したとみられる。代表作に、刀では「城泉」（じょういずみ）、「太郎作」、短刀では三口の「包丁正宗」、「九鬼」、「日向」（いずれも国宝）などがある。

――ヒューマンスケールとはどんなことですか。

太田　文字どおり人間的な尺度ということです。つまり、人間の目線で違和感のないように感じられる寸法のことです。逆に、建物がヒューマンスケールを十分に考えて造ら

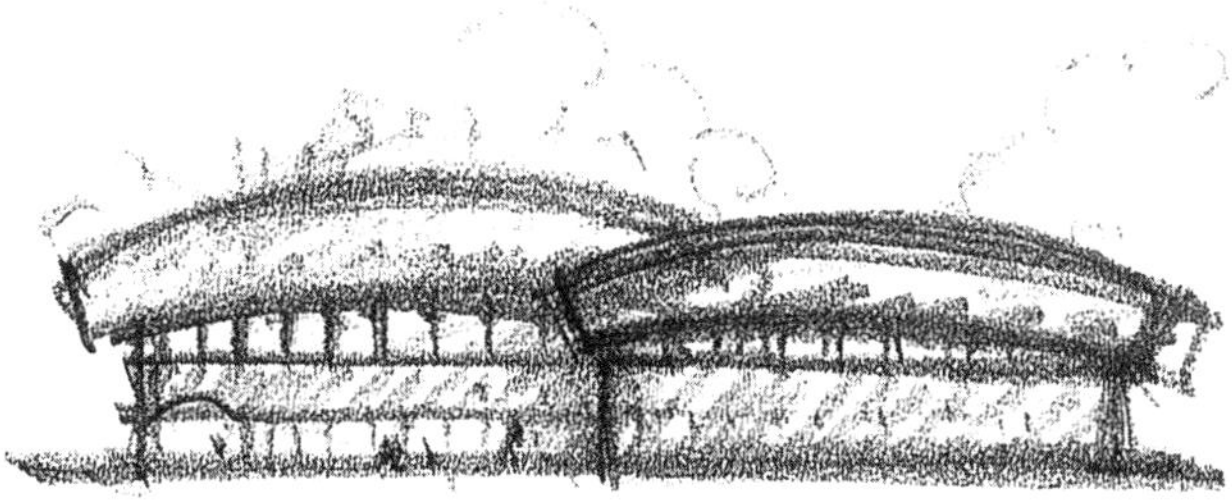

正面の外観イメージ図

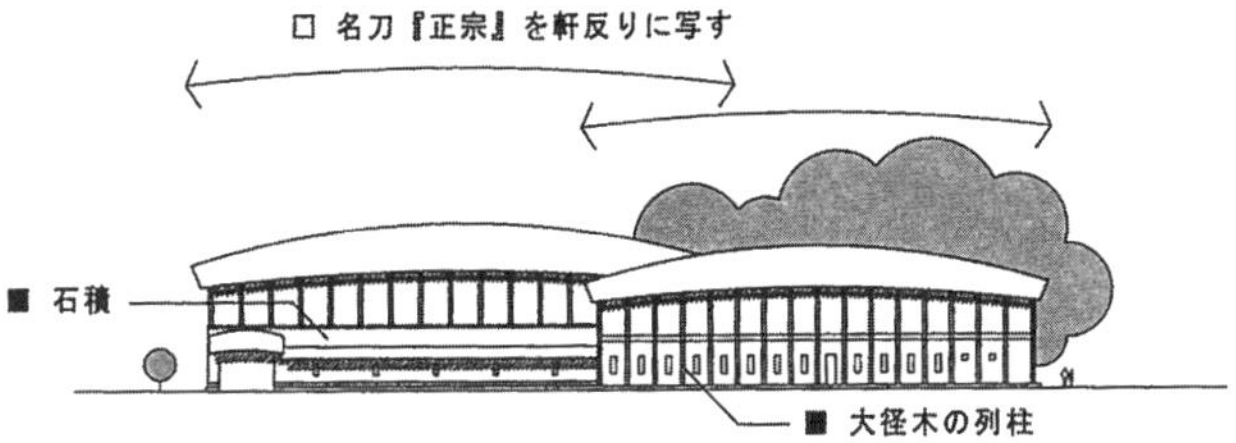

れるならば、誰もが心地好いと感じることができるわけです。ここで言うヒューマンスケールとは、バッハのチェロ無伴奏組曲の演奏のように、人々が心地好く感じる旋律のようなもので、本館のボリューム感が抵抗なく隆泉苑へと流れていくリズム感であり、全体の調和なのです。

――「名刀・正宗を軒反りに写す」ということは、展示棟と管理棟の連続した屋根の並びを、正宗の刃の反りになぞらえたということですね。さわやかで気品に満ちた雰囲気になるでしょうね。

太　田　そう願っています。

――正宗のシルエットとは、刀剣で知られている佐野美術館にはまさにぴったりですね。渡邉館長はどう感じますか。

渡　邉　日本建築の屋根の反りは日本刀の反りと同じだと、以前から私は思っていましたが、太田さんがそれを感じ取って本館の屋根の設計に取り入れられたのには、正直言って驚きでした。国宝の正宗というのも、私たちにとっては願ってもない着想だと思います。

太　田　これには、ちょっとした秘密があります。平成十四年の正月に佐野美術館で

「正宗展」が開かれていて、それを目にしたとたん、正宗のシルエットに魅せられました。今までも日本刀の反りを屋根の設計に取り入れてきましたが、今回は正宗にしました。しかし、私個人としては重要文化財の名刀である三条小鍛冶宗近の方が好きで、神々しさや気高さは宗近が上ですが、シルエットはやはり正宗だと考えたわけです。

伊豆石*の里帰り

――建築素材も木造美術館にふさわしく、選りすぐったものを用いると聞いておりますが…。

太田　長い年月に耐える建築は、それだけの素材選びが必要です。具体的には木、石などに代表される自然に近い素材を伝統的工法や最新技術で多用することです。仕上げは、東京・汐留の伊達家上屋敷跡から掘り出された伊豆石をはじめ天城の大径木、漆喰などを主に用います。屋根は理想の金属であるチタンを使います。これらによって、次世代に継承可能な建築、美術館そのものが美術工芸の集積体であることを目指します。

＊伊豆石（いずいし）　伊豆半島で産する緑色凝灰岩質石材の総称。軟質なものと硬質なものに大別されるが、硬質なものは石垣などに利用されている。

——伊達家上屋敷跡から掘り起こされた伊豆石を使うというのは面白いですね。

渡邉　私が一昨年秋に東京の根津美術館を訪れた時、西田宏子学芸部長（同館次長）から「汐留の再開発地から掘り出された伊豆石を見に行きませんか」と誘われました。そこへ行って驚いたのは、江戸時代に伊達家上屋敷の船泊の堤防として使われていた伊豆石が積み上げられていました。一個七十キロ前後もある立派な石が並んでいました。当初は三万個ほどが積まれていたということですが、私が見学した時には大半がどこかへ引き取られ、二千個あまりしか残っていませんでした。

これは何かに使えそうと考えて、さっそく緒明實理事長に相談したところ、美術館の本館建設の材料に使えるのだったら頂こうということになりました。設計の太田さんに相談した結果、本館展示棟の一階外壁に使おうということになり、千四百個ほどを譲り受けることにしました。

伊達家上屋敷跡から出土した伊豆石

――伊豆石というから、もちろん伊豆から運ばれたものですか。

渡邉　江戸時代に伊豆半島の内浦湾沿いや東伊豆地域から切り出されて、海路を江戸へと運ばれたという、灰色がかった立派な石です。三百年以上も前に伊豆から江戸に運ばれた石が今回、里帰りするというのは、何か感慨深いですね。

この石の下に敷いてあったという立派な木材も頂いてきました。石垣を積む下に敷く「胴木」というものだそうで、調べてもらったところ、樹齢二百年前後のヒバの木でした。表面をちょっと削ると、昨日切ったばかりのような白木で、びっくりしました。

――屋根をチタン*合金板葺きにするというのは、なかなか贅沢ですね。

太田　チタン葺きは現在、東京国立博物館の平成館や島根県立美術館など多くの建物で採用されています。何が一番良いのかというと、安定していてほとんど錆びないということです。値段は高いのですが、それだけの価値は十分あります。潮風などには抜群の強さがあります。チタンは普通の瓦に比べて軽いので、地震に強いというメリットもあります。

値段が高いと言っても、どのくらいのレベルかというと、本瓦葺きとそれほど変わらない程度に抑えられるのではないかと考えています。葺き方は「一文字葺き」という手法で、三十センチほどのチタン板を板金手法で組み合わせながら葺いていくことを考えています。

＊チタン合金　チタンを主成分とする合金材料。チタンはアルミニウムよりは重いが、比重は鉄の半分。強さは炭素鋼に勝り、耐食性はステンレス鋼を上回る。資源的にも豊富で、将来性のある材料である。耐食性の用途には工業用純チタンが、強度を要求される航空機材としてはアルミニウム、バナジウムを含む合金が使われる。ニッケルとの合金は「形状記憶合金」として有名。チタン鉄鉱やルチルなどの鉱物から得られる。砂鉄もチタンを含む。

柱は天城山の大径木

――建築材料の中心はたくさんの大径木ですね。どんな種類を、どの程度、どこから集めるかの検討は終わっているのですか。

太　田　木材は原則として三島市周辺、三島から修善寺あたりまでの半径二十キロ範囲の県産材を使えたらと思います。ヒノキ、スギ丸太柱は天城湯ケ島町周辺の百年から二百年のものにします。ケヤキ材は県産材のほかに銘木市場などから調達します。しかし、茶室関係材だけは京都の北山杉*などを中心に考えています。大径木は直径三十から四十センチ前後のものですが、全部で二百五十本程度必要です。

*北山杉　京都市北区中川北山町を中心に清滝川流域で産出するスギ。昔ながらの台杉仕立てと、一代限りの皆伐方式の二種類の植林形式がある。台杉は室町時代の応永年間（一三九四〜一四二八）に始まったと伝えられ、茶室建築・数寄屋普請の流行とともに盛んになった。

――渡邉館長も天城山へ大径木の調査に行ったそうですね。どんな感じでしたか。

渡邉　もう日本には本格的木造建築に使える良い木はない、という話を聞いていたんですが、木はいっぱいあるし、使われるのを待っているという現実の姿を目の当たりにすることができました。正しい木の使い方をして、木の建築を増やし、その知恵と技術を後世に伝えていくことは、私たちの重要な役割だと感じます。日本は国土の七〇パーセントが森林なのですから、その資産を有効に活用することは私たちの責務だと思います。

スギ、ヒノキは主として天城山のものを使いますが、そこには当館の緒明實理事長の所有する山林があり、樹齢百年以上のスギが育っています。それを美術館の用材として使っても良いと言われていますので、心強い限りです。

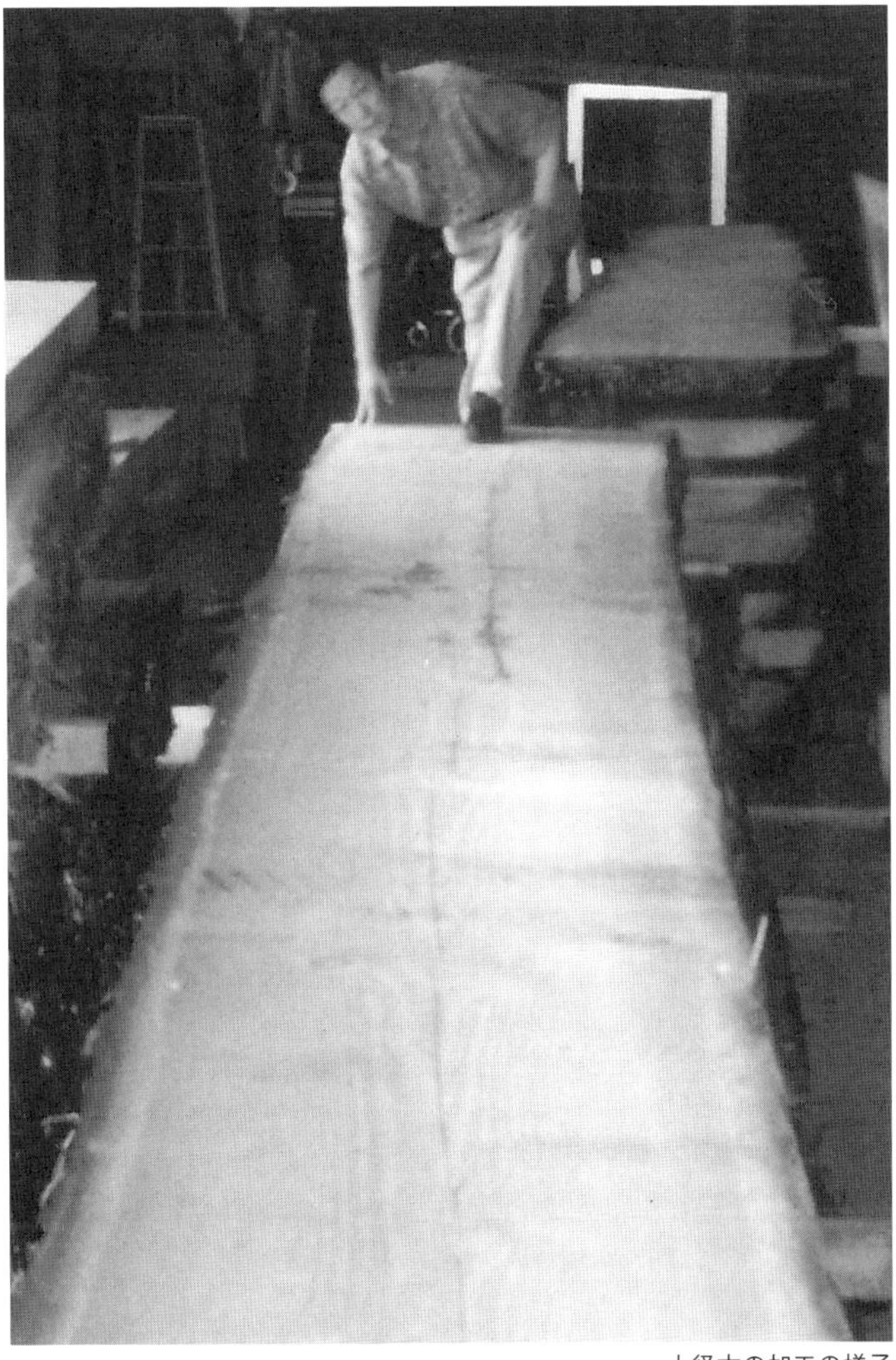

大径木の加工の様子

——それは素晴らしいですね。天城のどの辺りにある山林ですか。

渡邉　天城湯ケ島町船原です。緒明家の歴史を紐解きますと、安政元年（一八五四）にロシアの艦船ディアナ号*が安政大地震の津波に遭って駿河湾内で沈没、戸田村で洋式艦船を造ったのですが、その時の日本人大工のリーダーの一人が四代前の緒明嘉吉でした。菊三郎は、その嘉吉の息子。わずか十四、五歳で父親について洋式造船技術を学び、明治になると東京に出て造船所を開設、また海運業も行って大成功します。菊三郎の娘婿の緒明圭造は、当時、李王家の別宅だった楽寿園を買い取り、庭園を市民に開放します。緒明家は戦後、東京から三島に拠点を移し、昭和二十七年に三島市の要請に応えて楽寿園を三島市に譲り渡しています。

＊ディアナ号　安政元年（一八五四）、日露和親条約締結のために下田に来航、同年の安政大地震で沈没したロシアの木造帆船。全長約五十六メートル、排水量約二千トンの軍艦で、提督プチャーチンが乗船していた。下田港停泊中に大地震による大津波で暗礁に乗り上げて破損、修理のために戸田港に向かう途中、強風に遭って田子の浦沖で沈没した。

——大径木を使って築く佐野美術館は、太田さんの考えではどのくらい耐えられるものですか。三百年以上の耐久性はあると聞いていますが。

太　田　三百年は十分大丈夫です。きちんと管理し手入れをしていけば五百年はもつはずです。

渡　邉　実はこの構想を掛川市の榛村市長にお話ししましたところ、市長は「この構想だったら千年もつよ」とおっしゃっておられました。

——木は三百年以上の耐用年数があるとしても、設備の機器はすぐ古くなってしまいます。そうなると木造本体との整合性が時代と共に薄れて、ちぐはぐなものになってしまうのではないですか。

太　田　木による主体構造は三百年から五百年の耐用年数はありますが、そうするには五十年、百年を単位に修繕していかなければなりません。設備等の機器類は十年から十五年のサイクルで替えていかなくてはなりませんから、その際に簡便な方法で施工できるような手当てをしておくことが必要になります。その時代、その時代の仕組みに合ったものに組み替えていくことが求められます。〝本体三百年、施設十五年〟という考え方です。近い将来、建物のエネルギー源は燃料電池などが導入されるでしょう。未来的には、自然のエネルギー使用や核融合エネルギーの時代になるのではないでしょうか。

新しい佐野美術館様式をつくる

――太田さんの木造建築に対する個人的なお話になりますが、岐阜の名刹瑞龍寺僧堂の再建を手掛けたそうですね。どんなお寺で、太田さんはどんなご苦労をされたのですか。

太田　瑞龍寺は禅寺で、臨済宗妙心寺派の雲水の修行道場です。そこを十二年かけて再建しました。この辺りでは、三島の龍澤寺がそうですし、静岡市の臨済寺などが同じ宗派の修行寺です。瑞龍寺は、美濃加茂市にある井深の正眼寺という元巨人軍の川上哲治監督が座禅修行してV９を果たした寺の師匠寺で、有名な禅寺です。清田保南老師と二十年前からご縁があり、昭和・平成の全伽藍再建のお手伝いをさせて頂きました。苦労というより、良い仕事をさせて頂いたということです。

――全伽藍を改築というと大変な工事だったでしょうね。

瑞龍寺本堂

太田　瑞龍寺は歴史のある寺で、明治五年にも再建されたのですが、太平洋戦争の岐阜空襲で焼かれてしまいました。その後、応急復興されていたのですが、老朽化が進み再建が待たれていました。そして保南老師が入寺され、本格的な再建の緒についたわけです。ほとんど木造伽藍ですが、保南老師ご自身が井深の正眼寺での長い修行を基に、禅の近代化を目指した様式なのです。私は、それを実現するお手伝いをさせて頂きました。

――新しいものを造るという設計の仕事は大変でしょうね。まして禅寺というと、誰でもできるというものではないでしょう。

太田　依頼を受けて何から始めたかといいますと、寺院の現地実測調査です。北は松島の瑞巌寺から鎌倉の建長寺、円覚寺、多治見の永保寺、正眼寺、名古屋の徳源寺、京都の妙心寺、東福寺、相国寺、天竜寺、高台寺、建仁寺、万福寺、南禅寺など三十ほどのお寺を調べさせて頂きました。伽藍の屋根裏や床下、普段は拝観できない国宝の建物などを隅から隅まで実測させて頂いたところもあります。この実測調査を通して、私は一つの確信を持つことができました。それは、時代の価値観を自分たちの手でつくることができるということです。伝統を引き継ぐことができるという確信です。

瑞龍寺再建は清田保南老師が目指す禅の修行様式の確立でした。佐野美術館も建築主の明快な方針で、全国に類例のないものを造ろうというのですから、新しい佐野美術館様式ができるのではないかと思っています。

第四章

新美術館の見どころ

大木の列柱には神々しい旋律がある

――本館のヒノキやケヤキの大径木の柱が立ち並ぶ本館正面の眺めは素晴らしいと思います。模型を見ただけでも風格を感じますから、本物ができたら間違いなく見所の一つとなるでしょうね。

渡邉　昔から柱が整然と立ち並ぶ建物の姿には、その建物特有のリズムがあり、神々しい趣があります。柱は建物を支える力学的バランスの上に立っているわけですが、ヒノキやケヤキの柱がずらりと並ぶ本館の眺めは、私にはギリシャ神話の詩・音楽をつかさどる女神ミューズの奏でる旋律が浮かびます。美術館の「ミュージアム」は女神の「ミューズ」からきているわけですから、まさに本館にふさわしいという印象です。

太　田　静岡文化芸術大学学長（東京大学名誉教授）の木村尚三郎先生から伺ったのですが、西欧では石造りの建物は森である、石で再現した森だという考えがあるようです。太い柱が連なり、その上に梁があり天井があるのは、森の木々の連なりということなのでしょうか。古くはケルト族などは森を神格化していたようです。日本の建築の柱は〝よりしろ〟、つまり神の宿る木なのです。伊勢神宮のご神木も神の宿る木です。大径木を使うことによって、そのような雰囲気が出せれば理想的です。

渡　邉　今回の木造の美術館建設には、特別の意味があります。それは、日本の伝統的な建築技術、つまり社寺や城造りに使った格調高く気品のある技術を、美術館建設に投入しようというものなのです。

太　田　日本のこれまでの美術館建設の経過を私なりに調べましたが、総体的にハコモ

完成モデルの列柱のイメージ

ノ（収容の建物）を造れば良い、ということだったと思います。その中で、美術館造りを木でやろうという発想はほとんどなかったのではないかと思います。本格的な木造の美術館を造るということは、ある意味では急流をさかのぼるような大変なところがありますが、今後の木造建築再興のためにも、流れを乗り切らなければならないという役割を感じます。人に心地好さをもってもらう新しい木造美術館の様式を確立したいですね。

―― 設計面で参考にしたような建物はあったのですか。

太田 ある建物を参考にした、というようなものはありません。

―― では、太田さんはどんな建物が好きですか。

太田 関心のあるのは、多治見の虎渓山永保寺*の観音堂とか鎌倉の円覚寺舎利殿*などで、禅宗様式の建物です。なぜかと言いますと、高いレベルの技術の冴えがあるからです。建物内に入ると、いったいこれを造ったのはどんな連中なのかと、しばし佇んでしまうほどです。それは、柱などの木を触るともっと良くわかるんですね。先人たちは、人間の限界とでもいえるような、普通考えられないようなことをしているんです。なかなかうまく説明できないのですが、四百年、五百年も寸分狂わない木組みの技術、木を扱う技術は、まさに神業なんですね。よくこのような構法や木組みを考え出したものだと敬服します。

＊虎渓山永保寺　岐阜県多治見市にある臨済宗の名刹。鎌倉時代末の正和二年（一三一三）、夢窓疎石がこの地の深山幽谷に魅せられて庵を結んだのが始まりとされる。庭園は夢窓疎石が造った初期のものとして知られ、国名勝。正和三年建築の観音堂は国宝。開山の仏徳禅師をまつる開山堂も国宝。

＊円覚寺（えんかくじ）　鎌倉市山ノ内にある臨済宗の名刹。鎌倉中期に来日した宋僧無学祖元を開山とし、北条時宗が弘安五年（一二八二）に創立した。舎利殿はそれまで大慈寺に祀っていた仏舎利を移して弘安八年頃創建されたが、永禄六年（一五六三）に焼失し、現建物はその跡に鎌倉尼五山の一つ太平寺仏殿を移したものと伝えられる。

「渦の席」は四次元への入り口

――計画の中に、茶室「渦の席」（うずのせき）というのがありますが、これはまったく新しい施設ですね。

渡邉　ここは、現在の隆泉苑が茶道関係者の需要に十分応じられなくなっているので、それを解消させようという目的で造るものです。多機能の贅沢な茶室で、渦の形のユニークな設計です。

太　田　平面は楕円形ですが渦状の形が組み込まれています。ここの特色は、室町時代から現代までの茶室の特色を備え、古法にのっとった茶事七式ができるよう考えました。形態的には「五畳半上げ台目切下座床の席*」の変形で、鞘の間や水屋が付属、席周辺に露地腰掛、中門、蹲*（つくばい）を取り込んでいます。建築材料は木、土、石、竹、紙などの自然素材で、屋根はチタン板平葺きに仕上げます。

＊五畳半上げ台目切下座床の席　畳で五畳半の広さ、台目（だいめ）切りという炉の位置、下座床（げざどこ）という床の間の位置。

＊蹲　茶室の庭先に低く据えられた手水鉢。茶会の際に手を清めるためのものだったが、後には書院庭の景としても据えられるようになった。

――なぜ渦の形にしたのですか。と言うより、渦は何なのですか。

太　田　銀河系の渦をイメージして、四次元への入り口という発想です。過去から未来への時の流れをここで意識し、ここを新しい芸術文化に触れる拠点にしたいという意図も

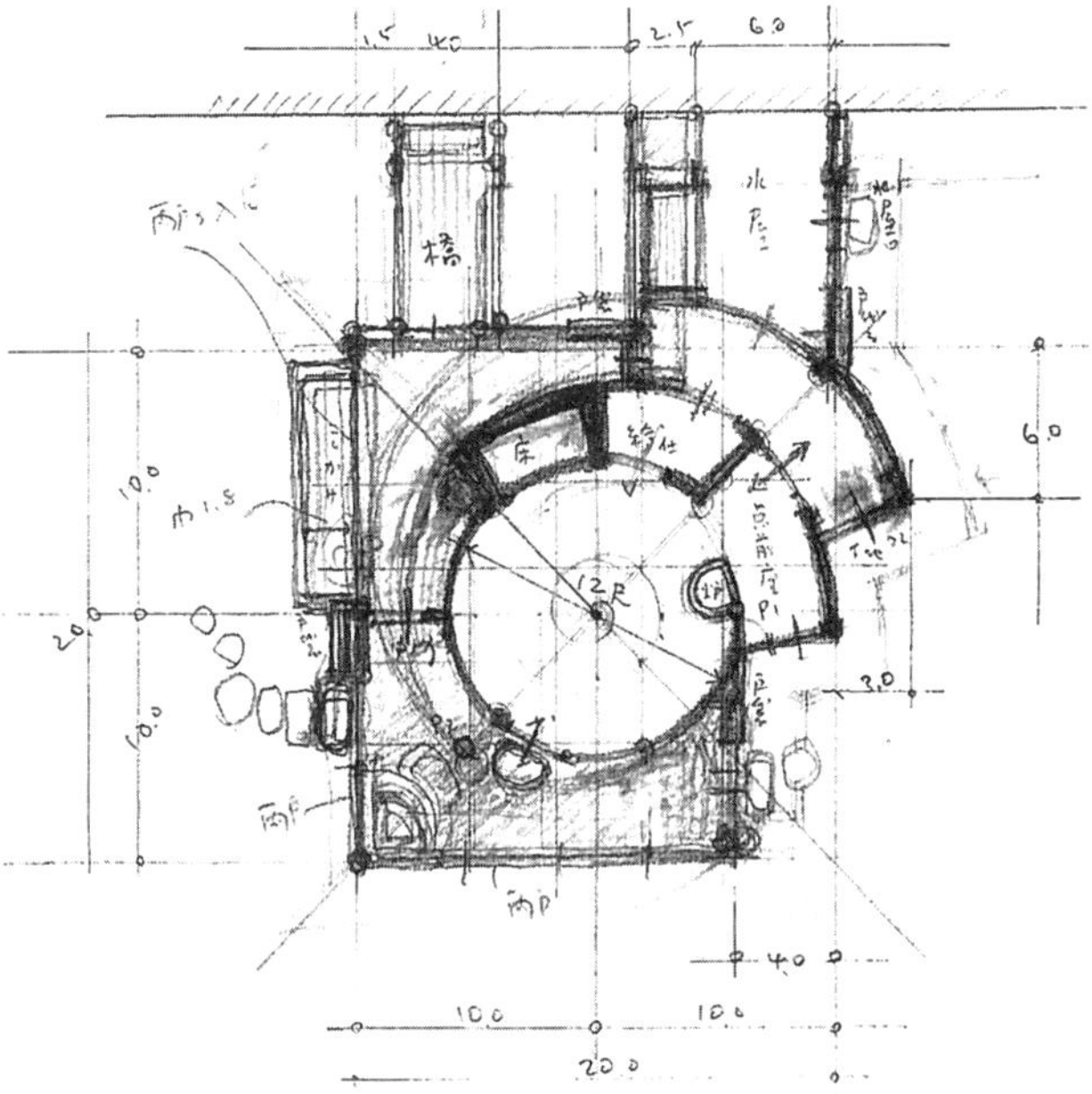

「渦の席」の構想図

「渦の席」のイメージスケッチ

あります。

渡邉　茶事は席主と正客とで創造する時間の芸術です。「渦の席」を造ったらどうかと太田さんから話を受けた時、私は即座に賛成しました。過去から未来への悠久な時の流れを感じる雰囲気をもつ茶席、なかなか素晴らしいと思いました。

――渦の茶室の全体構想は、なかなか奥深いもののようですが、どのようなものなのですか。

太田　茶室は茶事をするための施設です。玄関からそこに入ると、世俗から離れた別の世界になるわけです。設計では五つ目の席、第五の席を目指しました。第一の席は利休以前の書院の茶室、第二の席は利休草庵の小さな侘び茶の茶室、第三の席は「きれい侘び」と言われる広間の大名の茶室、第四の席は明治以降の益田鈍翁*などの数寄者の好んだ茶室で、田舎屋風のものも含めた近代数寄屋の席です。そして第五の席は、新しい佐野美術館様式のもので、これが「渦の席」というわけです。従来の厳格な寸法にこだわらず、炉は必ずしも四角の形状にはせず、新しい考え方のものですが、創造的なお点前、高度のおもてなしができるような場ごしらえを考えています。各流派の家元が来られて茶事をする場合に備えて、歴史的なものを取り込み、旧態のものの写しではなく、歴史に残る席の形態にしたいと考えています。プロも十分満足できるものになるはずです。

＊益田鈍翁（ますだ・どんのう）　明治から昭和の初めにかけて活躍した実業家、益田孝（一八四八〜一九三八）の雅号。嘉永元年、佐渡の生まれ。早くから英語を学び、米国公使館、ウォルシュ・ホール商会などに勤め、明治初年に三井に招かれ、三井物産社長に就任、同社を日本屈指の商社に育てあげた。茶人、美術愛好家としても著名で、鈍翁主催の大師会（茶会）は政財界人の一大社交場であった。

――基本設計で見ますと、メインホールも魅力的なものになるでしょうね。

太田　メインホールは回遊式池泉庭園に臨み、柔らかな日差しが差し込む、誰でも自由に利用できるスペースです。大径木の柱が並び、ゆったりとした空間をつくります。展示部門への導入部としてふさわしいスペースとなります。

――玄関棟から茶室棟に向かう回廊もいいですね。

渡邉　隆泉苑を池越しに見ながらの景色は見応えがありますね。庭に降りて進むと、ミュージアムショップとなり、その先がメインホールです。ミュージアムショップまでは無料ですから、このあたりは市民の憩いの場にもなります。

――県民ホールも一つのポイントでしょう。

渡邉　二階に設けられる約百平方メートルの部屋ですが、レクチャーや講座をはじめ絵画や工芸の実技講座など、市民、県民が積極的に学習できる場となります。

隆泉苑も見どころ

――新施設ではありませんが、隆泉苑も見どころの中心ですね。

渡邉　そうです。隆泉苑は平成九年に国の登録文化財に指定されています。式台構え*の玄関を入ると、すぐ左には暖炉のある洋風の応接間があります。壁は金唐革*風のもので張られたしゃれた仕上げで、大正ロマンの香りが漂います。床のヒノキ材や天井のスギなどは、選りすぐりの木材が使われています。

「書院の間」は、十二畳半と八畳の続きの間、六畳の次の間で構成され、池や庭を一望できる広縁をもつ格式高い造りです。また、母屋から張り出した数寄屋の間は、丸太など丸みをもつ材料を中心に使い、洗練された柔らかな雰囲気です。

＊式台（しきだい）構え　住宅の公式の出入口である玄関の前に設けられた板敷きの部分。初めは「玄関下の板の間」とか「玄関拭板」と称せられていたが、十七世紀末から十八世紀初期より「式台」と呼ばれるようになった。

＊金唐革　薄いなめし革に金泥で種々の模様をおいたもの。江戸時代の舶来品。明治以降、日本でもつくられた。

——なぜ、隆泉苑はそのように凝った造りなのですか。

渡邉　ここに住んでおられたのは、佐野隆一翁の父親・佐野米吉氏で、古美術にも造詣が深く、白隠＊などの書画を楽しみ、刀剣も好んで自ら研ぎもした人です。ですから建物にも大変なこだわりを持っていたようです。建築は昭和六年に中田町の水郷地を埋め立てることから始まり、七年から作庭工事と本体工事に移り、完成したのは昭和十年だそうです。庭造りのために、よく京都まで出掛けて行って研究を積み、また三島の湧き水などを利用しながら自然らしい景観づくりを志していたそうです。

表門から南北に連なる幅一・五メートルの石垣は、「亀甲組み」という工法で造られています。すべて自然石ですから、前面が六角形になる石を選ぶのは大変だったと言われています。自然石から使用に耐えられる石を選べる確率は、三百個に一つぐらいと言う人もいて、ずいぶん手間と時間を掛けていることが分かります。

*白隠（はくいん）（一六八五〜一七六八）　江戸中期の臨済宗の僧。現在の沼津市に生まれ、十五歳の時に同地の松蔭寺の単嶺和尚のもとで得度し、慧鶴（えかく）の名を与えられる。諸国で厳しい修行の後、三十三歳で松蔭寺の住職になって法弟を育てる傍ら布教活動を行った。その過程で「白隠画」が生まれた。独特な作風は、六十歳以降の晩年に生み出された。その自由奔放な作画姿勢は、禅画のジャンルだけでなく、その時代の気鋭の画家たちに強い影響を与えた。

――隆泉苑は、これから造ろうとしている三百年の木造美術館の原点のようなところがありますね。これからも、よほど大切にしていかなければなりませんね。

渡邉　登録文化財*になってから、皆の認識が変わってきました。以前、太田さんにこの建物を見て頂いた時に、「こんないい建物を粗末に扱うとバチがあたる」と叱られました。どうしたらいいのか尋ねたところ、「皆で磨けばいい」ということでした。しかし、古びた建物をなぜ一生懸命磨かなければならないのか、誰もよく分かってくれませんでした。

しかし登録文化財になると、〝そんなにいいものなのか〟ということで、レストランの板前さんや仲居さん、美術館の職員も、みんなで磨き始めました。大学生の博物館実習科目に隆泉苑の清掃を取り入れました。廊下の雑巾がけを生まれて初めてしたという学生も多くいます。

いい木材でできていますから、磨くと実にきれいになります。今では三島、沼津などのボランティアを含めて「隆泉苑を磨く会」ができ、毎週月曜日の午前中が活動日になっています。「いいものを後々まで残そう」「いいものを自分たちの手で守っていこう」といった意識の高まりに感激しています。

＊登録文化財　平成八年に発足した、文化財保護のための国の文化財登録制度。消滅の危機にさらされている保護すべき建築物を緩やかに保護し、積極的に活用しながら地域に生かしていこうという目的で制定された。

――――　さきほど、「ここで働いている人たちが働きやすいように設計した」と言われましたが、そのあたりも一つの見どころになるでしょうか。

太田　ほかの美術館の方々には、いろいろ参考になるような設計になっていると思います。現在の日本の美術館はどこでも、入館時に受付の人と顔を合わせるだけで、ほかの職員や学芸員と会うことはありません。これは、展示棟と管理棟とがまったく分かれて存在し、展示・総務・学芸というセクションがそれぞれ別個になっていることに大きく起因

隆泉苑内の「書院の間」

します。今回の考え方は、館の人の顔が見える設計にしよう、全員が接客やサービスのできる美術館にしようという側面を強くしております。総務と学芸を隣同士にして、互いに連絡がすぐに取れるような部屋の配置を考えました。

第五章

災害への備え

――――木造建築物というと、一般の人はすぐに火災には大丈夫かと聞きたくなります。もちろん消防法や建築基準法をクリアして建設されるわけですから、大丈夫ということなのでしょうが、その辺の事情を太田さん説明して頂けますか。

太田　今回のような大規模木造建築物の建設は、法的には歴史的建造物の良さを再認識しているところから可能となりました。そのポイントは、木材は大きな材料であればあるほど、火災の際に表面に炭化層が形成されて燃えにくくなります。この性質を設計に取り入れる「燃えしろ設計」という手法があり、建築関係の法令が改正されて、大規模木造が少しずつ可能になってきました。これからもっと、先人の知恵を生かす法の整備が進むでしょう。

大径木は燃えにくい

――「燃えしろ設計」の考え方とは、どういうことなのですか。

太田 太い木を使った木造建築は、耐火的に考えられるということです。木はもちろん燃えますが、すぐに燃え尽きるわけではありません。大きな断面を持つ木材だったら、表面が少し燃えたとしても、残った部分で建物を支えることができればいいという考え方だと言えます。これは鉄筋コンクリートや耐火被覆された鉄骨造りの考え方と同じ水準ではありませんが、人命や美術品を守るという観点から、もっと進めても良い考え方です。

――しかし、五十年ぐらい前のことを考えれば、多くの建物はほとんど木造だったのですから、鉄筋コンクリートでなければならないということはないはずですね。太古の昔から私たちの祖先は木の住まいで暮らしていたという歴史がありますから。

太田 大型の木造建造物というと、誰でもすぐ思い浮かべるのは、法隆寺や東大寺だ

大径木の建物は千年を超えて生きる（東大寺）

ろうと思います。これらの建物に対して、木造建築の欠陥と言われている「燃える・腐る・変形する」などをあげつらう人はいるでしょうか。もちろん、木は腐ります、火で燃えます、木材は例外なく変形します。狂うわけです。しかし、数千年にわたって積み重ねてきた知恵を現代に生かして使うことで、これらは十分に解決できると考えています。

鉄骨や鉄筋コンクリートの建築技術は、木の建築に比べればまだ新しい技術です。鉄骨、鉄筋コンクリート建築は、長くて百年の寿命です。日本では多くの建物が、歳月の経過に対応できず、早めに造りかえられています。

火災について考えると、鉄骨、鉄筋コンクリート造りの建物の方が木造の大径木を用いたものより、人間にとって危険なような気がします。スケールに違いがありますが、同時多発テロで崩壊したアメリカ・ニューヨークのツインタワーのことを考えれば、うなずけると思います。木造が薄っぺらで細い材料という一般的イメージは、変えなければならないと思います。

――しかし実際は、さまざまな規制を受けているということですね。

太田　そうです。建築基準法や都市計画法、県の条例などさまざまな関係法令に従って、精一杯木の建物にしようと計画を練ったのですが、新しい美術館は二階建てで三千平方メートルの範囲でしか木造は許されません。東大寺や薬師寺がうらやましい限りです。

――現在の建築基準法は鉄筋コンクリート建築のためにできているようなものだということが言われていますが、本格的な木造建築を造ろうとすると、いろいろ大変なわけですね。指導監督官庁との間でどんなことが問題になったのですか。

太　田　私は木造建築を設計する時は、いつも矛盾やいろいろな制約を感じますが、法律には従わなければなりません。ですから、監督官庁の指導を基に、先人の知恵を尋ねながら進めています。

地震対策も十分に考慮

――地震対策はどうですか。当面、東海地震などが心配ですが。

太　田　もちろん大丈夫です。木造建築の木の骨組みは伝統的構法と呼ばれるものですが、科学的な数値にはのりにくいものの、なかなか地震には強いのです。これまで、伝統的構法では強い地震に対して不十分だとして、金物で補強した強度基準がつくられていました。しかし、数千年にわたる先人の木造建築の知恵を、もっと取り入れていこうという動きになってきています。これまで木造建築の欠陥だとされてきた点が今後、かなり修正されていくでしょう。東海地震対策には、免震の考え方も反映させたいと考えています。

――水害はどうでしょうか。

太田 明治以降の台風、豪雨の記録を見ても、佐野美術館周辺での被害報告はありません。三島市周辺の水害の記録は、昭和三十六年（一九六一）の梅雨前線豪雨に始まっています。このあと、昭和四十五年の集中豪雨、昭和四十九年の七夕豪雨、昭和五十六年の台風十五号と昭和五十七年の台風十号のもたらした豪雨、平成二年、十年の大場川の水害などがあげられますが、幸いなことにこの付近は被害がありませんでした。

館の横には御殿川がありますが、水源は菰池（こもいけ）で、普通の河川に比べて増水割合は少なく、調査した限りでは氾濫した記録はありません。ですから、美術館周辺が水害にあう確率は非常に少ないと考えています。

――収蔵庫や展示室は美術館の心臓部ですから、火事にも地震にも大丈夫にしなければならないと聞いていますが、どんな対応をするのですか。

太　田　文化財を守り、入館者の安全を守るという趣旨から、収蔵庫や展示室は耐火耐震でないと駄目だという行政指導があります。ですから、そこだけは鉄筋コンクリートにしますが、展示室はコンクリートの上を漆喰（しっくい）で包もうと思っています。

第六章

まずは別館建設

――本館の建設にかかる前に、別館を建設されますね。着工は平成十五年秋の予定で、完成は平成十六年秋ということになっていますが、本館建設を含めた一連の工事が始まるわけですね。

渡邉　宿願が実現に向けていよいよ動き出すという感じで、非常に緊張を覚えます。平成十四年末に建築確認を受け、計画は今年十五年初めに文化庁に提出しました。そして三月には、財務省から「指定寄付」（財務省告示第八十号）の認可が下りました。これで、募金が法人・個人ともに所得控除の対象となることになりました。

――指定寄付の認可とは何ですか。

渡邉　財務省が指定した寄付、つまり公益性が高い特定の目的のために集める寄付金に限り所得控除を認めるというもので、企業・個人共に寄付がしやすくなります。

――別館の規模はどんなものでしょうか。

渡邉　鉄骨造り三階建て、延べ面積千五十平方メートル、屋根はチタン葺き、外壁は御影石張りです。一階は玄関・ロビーと大型バス・乗用車駐車場、二階は展示室とミュージアムショップ、三階は収蔵庫・事務室・会議室という内容です。展示室の広さは百九十平方メートルで、現在の広さ三百五十平方メートルに比べて約半分の広さですが、本館ができるまではここで美術館活動を活発にしていきます。

――別館の敷地内も池のある庭園になっていますね。

渡邉　別館に隣接して「梅花藻の里」があります。これは湧水池で、三島市が県の助成を受けて推進している「せせらぎ事業」のルートに入っています。この湧水池には、ミシマバイカモ*がほぼ一年中、白い可憐な花を咲かせています。でも、この植物はきわめて繊細で、清流が一定の温度と流れを保っていないと、たちまち枯れてしまいます。湧水会のメンバーが交代で、ほぼ毎日手入れをしていますが、そのご苦労には頭が下がります。

*ミシマバイカモ　キンポウゲ科の水中に生える多年草。細長い茎に細裂した葉を互生し、ウメ状の五弁花を水面に開く。花は白色で、中心は黄色。開花期は二月～九月。昭和三年（一九二八）に三島市の湧水池で発見され、命名された。日本各地に分布する。

別館完成予想図

魅力ある小企画展を計画

――別館を使っている間は、そう大きな美術展は開けないことになるでしょうか。

渡邉　別館は広くないので、小企画展を開催していきます。今、学芸部が企画しているところです。新しい試みとして、優れた地元の作家も取り上げたいと思っています。並べられたものを観るというだけではなく、創るということにかなりのウエートを置きたいと考えています。

――過去にも、小規模でも素晴らしい企画展がありましたね。

渡邉　時代が変わるということは面白いもので、今は小さな美術館ですが、創立当時は決して小さな美術館ではなく、かなり堂々とした建物だったと思います。小さくても珠玉のような展覧会がいっぱいあったことを思い出し、別館の展示では、そのようなものも積極的に計画したいと思います。

どんなものがあったか、思いつくままに幾つか挙げますと、「短刀名品展」はちょっと面白かったと思います。今、私たちが短刀と言っているのは、昔は「かたな」と呼ばれ、いつも腰につけている装身具だったのです。それらを見ますと、鎌倉時代の武士が大変おしゃれだったことが分かります。江戸時代の「装身具展」も、この時代の男性が粋でおしゃれだったことがよく分かりました。煙草（たばこ）入れや印籠*（いんろう）は、それは手の込んだもので、いかに人の意表を突くかに工夫を凝らしていました。「女面展」も興味深かったと思います。能面の女面だけを集めたものでした。もちろん男性が用いたものですが、芸術性とともに情念が漂っているような不思議な魅力がありました。「智恵子抄展」は心を打たれました。智恵子が、ただひたすら高村光太郎にだけ見てもらうために作ったちぎり絵、その色彩は透明度の高いものでした。

*印籠（いんろう）　腰に下げる長円筒形の三重ないし五重の小箱。室町時代に印・印肉を入れていた容器で、江戸時代には薬を入れるようになった。表面に漆を塗り、蒔絵、螺鈿などの細工を施し、緒には緒締、根付がある。

——なぜ別館も木造の美術館にしないのですか。

渡邉　別館は道路に面しているので、木で造ることは建築基準法上できません。基礎はコンクリート、上屋は鉄骨造りです。

――事業費は十億円と聞いておりますが。

渡邉 そうです。広く寄付を募って、これに充てます。現代の普請の形で資金を募り、協力の輪を広げていきたいと考えています。

――国や県、市町村の支援は期待できるのですか。

渡邉 別館は公的機関の助成を受けず、民間の寄付だけで建てようと考えています。しかし、木造の本館は国や県、市の協力によって建てることになると思います。新しい佐野美術館は地方の文化をしっかり守り育てていくために、国も地方も民間も協力していくというモデル的なものにしたいと考えています。

免震工法を採用

――地震対策はどうですか。

太　田　免震工法を採用していますから、予想される東海地震にも大丈夫だと思います。どんな工法かと言いますと、基礎と建物との間に特殊な免震装置をはさみ、地震のエネルギーが建物にそのまま伝わるのを低く抑えるというものです。その特殊装置は、振り子の原理を応用した「すべり支承（ししょう）」と呼ばれるもので、建物を支える主な柱の下に十二基のこの装置を取り付けることにより、地震のエネルギーを約六分の一にまで低減できます。

これまでの免震工法というと、天然ゴムシートと鋼板を何層にも張り合わせた「積層ゴム支承」というのが主流だったのですが、これは大規模な重量建築物には有効でも、木造や鉄骨造りの軽量建物には不向きでした。そこで最近になり、軽量建物向きの「すべり支承」が現れたわけです。

――屋根はチタン合金ですね。どのような準備をしておりますか。

太　田　チタンは安定した金属で、千年くらいはもつといわれていますので、これ以上の屋根材はないと思います。現在、どのくらいの薄さで屋根を葺くことができるのか、職人の手でどこまで加工できるのか、検討しテストさせています。チタン合金の欠点というと、強い力で叩くとひび割れるという性質です。屋根材としてどの程度の厚さがいいのか、専門メーカーにも相談して検討しています。

――別館は本館が完成した後には、どのように利用なさるのですか。

渡邉 展示室は伝統工芸の専門館にしようと考えています。三階は実技講座室としての利用がふさわしいと計画しています。

第七章

これからの美術館の姿

――これからの美術館はどんな形態になっていくのでしょうか。あるいは、どのように変革することが必要なのでしょうか。先進各国でもさまざまな模索をしているようですが。

渡　邉　グローバル化、ハイテク化、ＩＴ革命などが急速に進展する中で、人々は自然や美術との触れ合いをますます取り戻したいと思うようになるでしょうから、美術館の役割はさらに高まると思います。おっしゃるように、諸外国を見るとアメリカの動きは積極的です。これまでのアメリカの美術館は、膨大な資料と情報を提示する静的なものでしたが、多様な市民需要に積極的に応え、「社会に奉仕する施設」という動的なものに変わろうとしています。フランスでは市民参加型博物館を目指す強い動きがありますし、イギリスでも博物館を地域社会への学習機会提供の場にする動きが盛んなようです。

美術品は生きている

――今回の改築へ向けての検討の中で、これからの美術館はどんな機能を持つべきかという点に関して、ずいぶん調査をされたそうですね。

渡邉　多くの美術館を訪ねて、貴重なお話を聞かせて頂き、学ぶ点が非常に多かったと思います。過去を振り返っての重要な反省点もありました。それは、これまでの美術館は美術品を単なる「もの」としか見ていなかったということです。美術品は誕生して以降の環境を自ら背負っていて、いわば「生きている」わけです。文化財保存第一主義のあまり、美術品を「もの」としてとらえ、生きているということへの配慮が欠けていたのではないかと感じました。人に対しても同様なことが言えます。来館者、協力者、学芸員を含む美術館職員に対して、配慮が十分になされていただろうかという反省です。

美術品の保存と同様に、人に優しい環境、施設・設備にすることが、これからの美術館

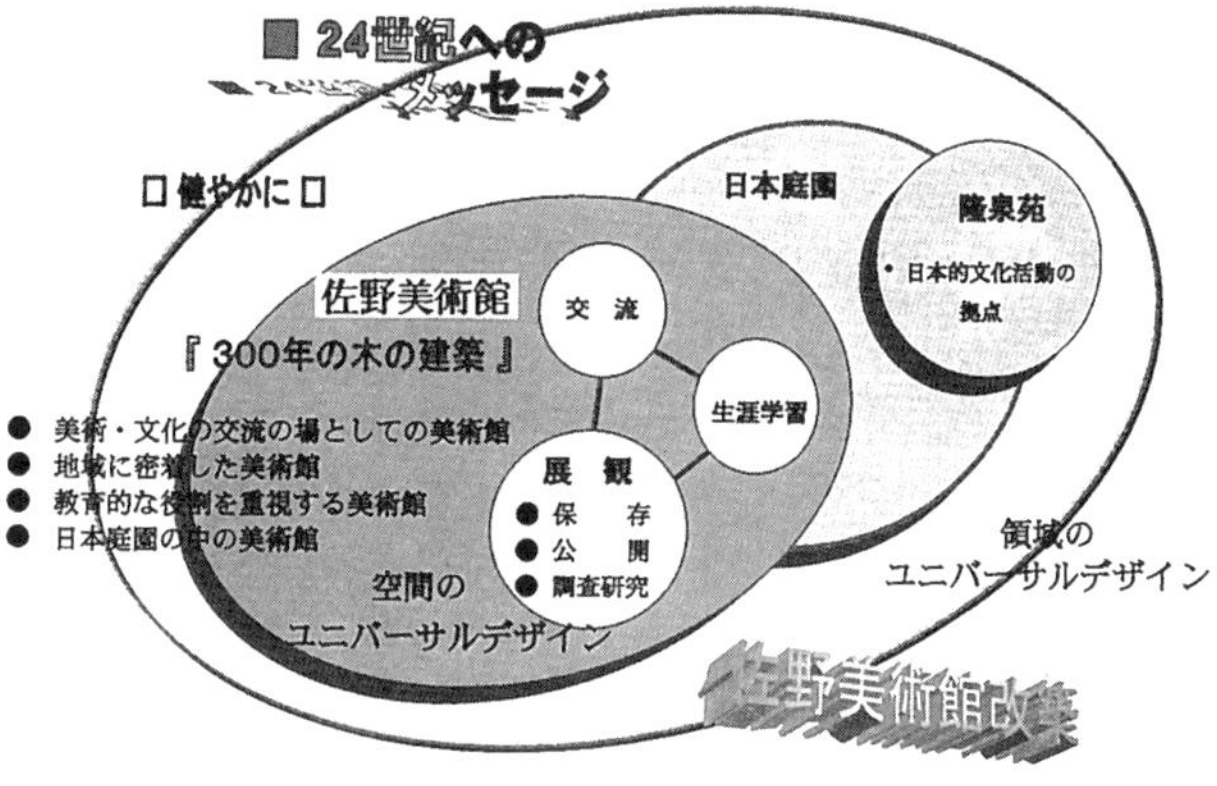
■ 24世紀への
メッセージ
□ 健やかに □
佐野美術館
『300年の木の建築』
● 美術・文化の交流の場としての美術館
● 地域に密着した美術館
● 教育的な役割を重視する美術館
● 日本庭園の中の美術館
交流
生涯学習
展観
● 保存
● 公開
● 調査研究
空間の
ユニバーサルデザイン
日本庭園
隆泉苑
・日本的文化活動の
拠点
領域の
ユニバーサルデザイン
佐野美術館改築

佐野美術館のイメージ

造りに不可欠だと思いました。

――具体的には、それはどんなことでしょうか。

渡邉　美術館の中心である収蔵庫と展示室について言いますと、例えば収蔵庫は美術館の心臓部ですが、その収蔵庫はその中で作業する人たちに適した場になっているか、天井・棚の高さ、棚からの美術品の出し入れに適しているか、扉の使いやすい開閉などに細心の心遣いがあふれているかなどの点ですね。

展示室は美術館の本体ですが、収蔵庫から展示室への搬入路に支障はないか。多様な展示に対応でき、展示しやすい配慮がなされているか、照明の付け替えは容易か、来館者がなるべく疲れないで鑑賞できるよう考えられているか、車椅子での鑑賞に支障ないか、などです。

――つまり、企画側や設計者側が使用者の意向などあまり重視せずに計画している、ということですね。

渡邉　設計者と使用者の綿密な打ち合わせがなければ、理想的な美術館は生まれないと実感しました。費用などの制約もありますが、これからは建築家、施設・設備の専門家、実際の使い手である職員・学芸員との時間をかけた対話・連携によって、理想的な美術館造りが進められていくのではないでしょうか。

心地好い美術館を造る

――太田さんも多くの美術館をご覧になられているようですが、設計者の立場からどんなことを感じておられますか。

太田　全国の美術館二十五館ほどを調査しましたが、建築家のかかわった館はあまり評判が良くないようで、苦情をいろいろ聞かされました。それを集約しますと、そこで働く職員のことをあまり考えていない建物になっているということです。特異なデザイン重視で、夜景の映りなど、見映えに重点が置かれ、そこを運営管理する人たちの環境が軽視されていたところが多かったという印象でした。

渡邉　私どもが今回、太田さんにきちんと設計してほしいとお願いしていることの一つが、その辺のことです。各地の美術館の開館披露によく招かれましたが、「ここに大理石を使っております、ホールをこのとおり広くしました、中庭も素晴らしいでしょう」などと得意そうに案内されます。けれども、職員は狭いスペースで仕事をしていて、息苦しいほどの例もあります。また、講堂、展示室、収蔵庫などへの動線が不便だったり不適切だったりで、職員が苦労されている様子も、何が原因なのかよく分かりました。

太田　一般的な例ですが、美術館などの建物の周辺に水をめぐらせたり、池の中に建物を建てるような手法がよくとられています。しかし、あれは、なかなか後の管理のことを考えていないんですね。職員が時折、水の中の玉砂利をゴシゴシ洗わなければならないなどという話もあります。水垢（みずあか）がつかない薬品など何かありそうですが、環境への配慮からそうはいかないでしょうし、設計者として心しておかなければならないことだと痛感しました。

働きやすさが生むコミュニケーション

――他館等の視察結果を踏まえて、新しい美術館の設計にはどんなことを盛り込みましたか。

太田　一つは、ここで仕事をする人たちが働きやすい職場空間を考えました。これからの美術館は、よりサービス業的な要素を強く要求されることが想像されますので、館員の方々の笑顔が出やすい職場環境を意識しました。

――具体的には、どんなことですか。

太田　一言で言えば、建物を管理しやすいという点に集約されます。管理する職員が館に入り、館内での行動を機能的に行い、帰りに鍵を締めて帰るまで、健やかに過ごせるということです。一人当たりの占有面積なども重要ですが、何より管理しやすく働きやすいということです。それが、お客様への笑顔となって出てくるものだと思います。もちろん、管理のしやすさが、お客様に心理的圧迫感を与えるようなものではいけません。お客様も職員も温かく包み込むような建物にしたいと思っています。

――つまるところ、理想的な美術館の建物とは、〝心地好い〟というのがキーワードになりますね。

渡邉　そうです。単に美術品を鑑賞する場ではなく、お客様がくつろぎ、集い、楽しむという場にするということです。お客様と美術館とのコミュニケーションを生む場であっていいと思うのです。そして「人間性蘇生の場」を目指したいと思います。

――コミュニケーションを生むというのはどういうことですか。

渡邉　おいしいものを食べたり美しいものを見たりした時、人に話せば、おいしさや美しさが倍加され深まるでしょう。当館では、来館者と職員との接点を容易にするとともに、解説ボランティアを養成しています。現在はまだ数十人ですが、将来的にはもっと増やして、常に鑑賞者と対話できるようにしたいと思います。

――これからの美術館の経営について、館長はどのような展望をお持ちですか。

渡邉　これからの美術館経営は、より戦略的で複眼的な手法が必要になると言われています。これまで、日本の文化・芸術関係の事業は「負の経営」と言われ、わずかであったとしても限りなくマイナス経営になると考えられてきました。公立・私立を問わず、長く行政や企業の援助に支えられてきたわけです。しかし、これからは美術館そのものがきちんと事業収益をあげて、経営に乗り出さなければならない時代を迎えます。

これからの美術館経営は、外部の援助を受けつつも、自らが「経営の自立」を目指して事業展開することが必要になります。当館もここに重点を置き、計画を練ってきました。木造の美術館が完成したら、新たな経営システムの実践とあいまって、新時代の美術館の一つのモデルケースになると思っています。

伝統技術の継承を

――新設美術館での新しい事業展開はどのようなものが予想されますか。

渡邉　新しい美術館には「展示の場」、「研究の場」、「市民の広場」という三つの機能を設計の中に取り入れております。「展示の場」は常設展示室と特別展示室に分かれ、常

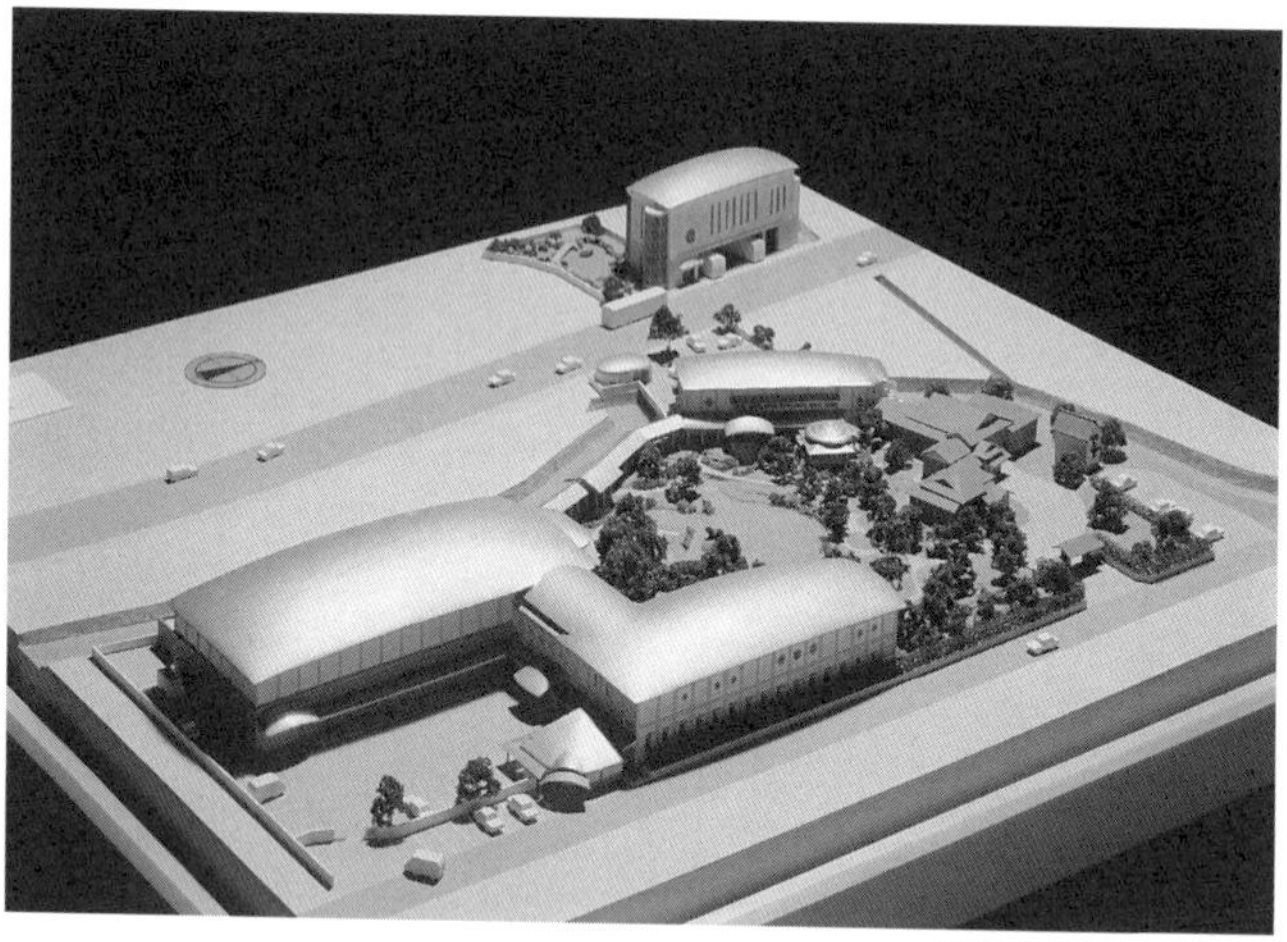

完成予想モデル（全景）

完成予想モデル（南西入口側）

設展示室では佐野コレクションと静岡の伝統工芸品の展示などを行います。当館の特色である日本刀を常時展示する常設展示室を設けます。特別展示室は幅広い利用者に対する大規模な展覧会の場となります。

「研究の場」は、大学などと連携を深めて、三百年もつ木造建築の伝統工芸や建築と関係する諸工芸の研究・研修を行うようにしたいと考えています。また「市民の広場」は、現在のような開館時間のバリアを取り除いて、隆泉苑の庭園とレストラン、ショッピングや会合等を楽しむ出会いの場にする方針です。

――そうすると、今後の佐野美術館の活動はかなり行動的になりそうですね。

渡邉　これからの美術館経営は、単に美術品を展示してお客様に見ていただくというのではなく、地域の文化拠点として〝地域おこし〟の中心になるような身構えでなければならないと思います。回遊式日本庭園を持つなど環境に恵まれていますので、美術鑑賞の場だけにとどまらせては惜しい。ここを市民の広場にして、ふれあいの場、憩いの場、おしゃれな食事のできる場としても育てていきたいと考えています。

太田　私は佐野美術館が三百年生きる木造美術館に生まれ変わった時点で、「三百年塾」を開講して欲しいと願っています。建築に参画した人たちの伝統技術は、今後も末永く受け継がれていかなくてはなりません。大工、左官、石工、屋根葺師、建具師、彫刻師、錺金具師、金工、漆師、庭師、施工者、施主、設計者がそれぞれ講師となり、その技術を次代に教え伝えるシステムを築いて頂きたいと思っています。

――最後に、改めて渡邉館長の木造美術館への展望と抱負をお聞かせ下さい。

渡邉　木の建築は、世界に誇る日本の伝統文化です。約千年前の平安中期には、長い間続いた大陸文化の受け入れと模倣の時代から、大和文化の新様式が生み出されました。今、二十一世紀に入り、欧米文化に傾倒した百五十年間を経て、新たな日本文化を築き上げる時だと思います。未来への道は、私たちの歩んできた歴史を振り返れば、必ず見えてくるはずです。新たに造る美術館は、さらなる創造を生む美術館でありたいと思っています。

著者プロフィール

渡邉妙子（わたなべ　たえこ）

昭和41年、慶応義塾大学（通信教育過程）卒業。同年、（財）佐野美術館に学芸員として入館。昭和53年、同館副館長に就任、平成12年、同館館長に就任、現在に至る。沼津市在住。

公職として平成３年から同９年まで静岡大学教育学部非常勤講師、平成４年から慶応義塾大学文学部非常勤講師となり、現在に至る。平成６年４月、静岡県文化財審議委員会委員、同８年９月、沼津市教育委員、同13年４月、独立行政法人科学博物館監事にそれぞれ就任。全国美術館会議理事、日本博物館協会理事、日本美術刀剣保存協会評議員、三島ロータリークラブ所属。文部大臣表彰（昭和56年)、静岡県博物館表彰（昭和59年)、静岡県文化奨励賞を受賞。

著書には『日本刀』(佐野美術館図録)、『博物館講座』第六巻「資料の整理と保管」(雄山閣）など。

太田新之介（おおた　しんのすけ）

昭和20年生まれ。静岡県出身。（株）太田新之介建築事務所主宰。25年にわたり伝統に根ざした新時代の木の建築に取り組む。12年の歳月をかけて岐阜瑞龍寺僧堂を建設、天皇皇后両陛下ご臨席の全国植樹祭メインステージである天城の森「お野立ち所」のほか、本格的な社寺建築の多くを手掛け、茶室、照明デザインの分野でも活躍。本格的な木の建築造りで知られ、林業の振興を提唱し、登録文化財の啓発、講演活動などを精力的に行っている。三島市在住。

日本建築家協会静岡地域会会長、静岡県都市景観賞審査員を歴任。三島市文化財審査委員を務める。国際照明デザイン賞、静岡県都市景観賞、建築業協会賞を受賞。

著書には『建築相聞歌』(草思社)、『相聞の書』など。

三百年生きる木造美術館づくり
—佐野美術館の挑戦—
*
2003年8月31日初版発行

著者／渡邉妙子・太田新之介
発行者／松井純
発行所／静岡新聞社
〒422-8033 静岡市登呂3-1-1
電話 054-284-1666
印刷・製本／図書印刷
ISBN4-7838-2202-6　C0070